# 高校落实全面从严治党主体责任、监督责任研究

中国高等教育学会廉政建设分会　编

WUHAN UNIVERSITY PRESS
武汉大学出版社

**图书在版编目(CIP)数据**

高校落实全面从严治党主体责任、监督责任研究/中国高等教育学会廉政建设分会编.—武汉：武汉大学出版社，2020.7
ISBN 978-7-307-21284-8

Ⅰ.高…　Ⅱ.中…　Ⅲ.中国共产党—高等学校—党的建设—研究　Ⅳ.D267.6

中国版本图书馆 CIP 数据核字(2019)第 257592 号

责任编辑:胡国民　　　责任校对:汪欣怡　　　版式设计:韩闻锦

出版发行：**武汉大学出版社**　　(430072　武昌　珞珈山)
　　　　　(电子邮箱：cbs22@ whu.edu.cn　网址：www.wdp.com.cn)
印刷:湖北金海印务有限公司
开本:880×1230　　1/32　　印张:6.25　　字数:128 千字　　插页:2
版次:2020 年 7 月第 1 版　　2020 年 7 月第 1 次印刷
ISBN 978-7-307-21284-8　　　定价:36.00 元

# 目 录

# 新形势下进一步落实高校党风廉政建设责任制对策研究

 山东大学纪委

　　党的十八大以来，以习近平同志为核心的党中央把党要管党、从严治党纳入战略布局，不断强化思想建设，不断加强源头治腐，不断健全制度建设，持续改进作风建设，以落实中央八项规定精神为突破口，在全党深入、持续地开展了一系列党员干部思想教育，彰显了全面从严治党的决心和意志，形成了全面从严治党的良好氛围。高校承担着立德树人的光荣使命，从严治党、从严治教、从严治学在新形势下显得尤为迫切，贯彻落实党风廉政建设责任制成为高校深入推进全面从严治党的一项非常重要的基础性工作。对此，我们必须始终保持清醒认识，不断增强做好高校党风廉政建设工作的紧迫感和自觉性，不断强化"两个责任"，推动全面从严治党向纵深推进。

# 一、 高校做好党风廉政建设工作的新形势新任务新要求

## （一）高校党风廉政建设取得了阶段性成果，为在新的历史起点做好工作打下了良好基础

近年来，各高校结合实际，高度重视党建工作，围绕教育事业发展大局，把党风廉政建设工作放在突出位置，坚持标本兼治、综合治理、惩防并举、注重预防的方针，以党风廉政责任制为抓手，制定了具体实施办法，明确了各级党政领导班子和领导干部对党风廉政建设的应负责任，增强了各级领导班子及其成员的主体责任意识和"一岗双责"意识，让"两个责任"落地生根，确立了党政齐抓共管、层层负责、层层落实的"责任制"体系，全面促进了高校党风廉政建设，取得了积极的成效。

党的十九大作出了中国特色社会主义进入新时代的重大政治论断，提出党的建设新的伟大工程在"四个伟大"中起"决定性作用"，明确了全面从严治党节奏不变、力度不减、深入推进的基调和主线，为在新的历史起点上推动全面从严治党向纵深发展指明了方向、提供了遵循。当前，高等教育领域绝非一片净土，有些问题相当突出，"象牙塔"里的腐败备受社会关注。对此，我们必须始终保持清醒认识，这对我们进一步做好高校党风廉政建设工作提出了更高的要求。

## (二)紧紧围绕立德树人的根本任务，全面贯彻党的教育方针，进一步强化高校党风廉政建设的保障作用

高校肩负着培养中华民族伟大复兴时代新人的使命，十九大报告提出，要"实现高等教育内涵式发展"，这是新形势下我国高等教育转型发展和提高质量的必然要求，对高等教育的改革与发展具有重要的指导意义。促进高等学校的内涵式发展，必须进一步深化高等教育管理体制改革，加强高等教育宏观管理，优化内部管理制度，这是深入推进高校内涵式发展的一项重要的内容。加强党风廉政建设，构建和谐校园，有利于发挥高校廉政文化的教育和制约优势，有利于建立健全高校规章制度和管理办法，有利于监督和规范高校各项权力的正常运行。必须坚持党对教育事业的全面领导，坚持社会主义办学方向，坚持把高校党风廉政建设责任制落到实处，让权力的运行更加透明、规范，努力营造风清气正的校园政治生态，为促进高校的改革事业和健康发展提供重要的思想基础、精神支撑和制度保障。

## (三)高校党风廉政建设和反腐败斗争形势依然严峻复杂，全面从严治党依然任重道远

习近平总书记指出的全面从严治党所面临的各种风险挑战，在教育系统都不同程度地存在着，必须引起我们高度重视。2017 年，十八届中央第十二轮巡视对中管高校开展了专项巡视，从巡视反馈情况和各高校通报典型案例来看，高校全面从

严治党仍然任重道远，违规违纪问题仍然严重。近年来，教育部直属系统信访举报量呈现持续增长态势，"去存量、遏增量"的任务艰巨；从执纪审查情况看，违反"六大纪律"的问题均有发生；从纠正"四风"问题情况看，违反中央八项规定精神的问题时有发生、屡禁不止，反弹回潮压力很大；从教育热点难点问题看，损害群众切身利益的不正之风和"微腐败"仍然比较突出。上述问题暴露出高校对全面从严治党认识不足，管党治党政治担当不够，压力传导层层递减。究其根源，与党的领导弱化、党的建设缺失、全面从严治党不力等方面有关。高校党风廉政建设和反腐败斗争形势依然严峻复杂，必须进一步加强高校党风廉政建设。

## 二、 高校落实党风廉政建设责任制工作现状

高校贯彻落实党风廉政建设责任制是深入推进全面从严治党的一项重要基础性工作。在当前高校党风廉政建设和反腐败斗争面临的严峻形势下，把党风廉政建设责任制贯彻落实到位显得尤其重要。目前，高校落实党风廉政建设责任制工作进一步明确"两个责任"，增强主体责任意识和"一岗双责"意识，层层传导压力，层层分解责任。但从实际情况看，高校在落实党风廉政建设责任制上还存在一定问题。一是在思想认识上，没有把党风廉政建设工作摆在更加突出和重要的位置，思想重视不够，政治站位不高；二是在组织领导上，党委主体责任的作用还没有充分发挥，党委对党风廉政建设的政治担当不够；三

是在落实途径上，满足于签订相应的责任书，没有结合高校各工作领域的实际把廉政建设落实到位；四是在落实效果上，党委、纪委、二级党组织和各职能部门协调配合不够，没有形成党风廉政建设工作合力。

高校落实党风廉政建设责任制，重在实效。全面、真实、客观的考核工作是落实党风廉政建设责任制的关键环节。为深入了解目前高校落实党风廉政建设责任制考核的工作现状，山东大学纪委相关部门开展了"高校落实党风廉政建设责任制考核情况"的调研。此次调查共收到来自教育部直属高校、省属高校等39所高校有效问卷。此次调查问卷的问题类型包括落实党风廉政建设责任制制度体系、考核实施主体、考核体系和方式、考核效果等。

## （一）考核实施主体

高校落实党风廉政建设责任制考核实施主体不尽相同，力度不一。根据调研情况，48.72%的高校由学校纪委组织实施，43.59%的高校纳入学校党委年度领导班子和领导人员考核一并进行，还有7.69%的高校是结合进行(见图1)。

## （二）考核体系和方式

从整体上看，高校落实党风廉政建设责任制制度体系较为完善。根据调研情况，各高校落实党风廉政建设责任制制度体系包括落实"两个责任"的实施意见、党风廉政建设责任制考核办法、党风廉政建设责任制追究办法、加强党风廉政建设教育办法、签

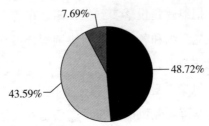

- A. 学校纪委组织实施
- B. 纳入学校党委年度领导班子和领导人员考核一并进行
- C. 其他(请填写): _____

图1 高校落实党风廉政建设责任制考核实施主体构成

订落实党风廉政建设责任书、学院部门的责任制度、落实主体责任实施细则等。其中，89.74%的高校制定了落实"两个责任"实施意见，87.18%的高校签订落实党风廉政建设责任书，69.23%的高校制定了党风廉政建设责任制考核办法(见图2)。

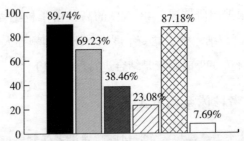

- ■ A. 落实"两个责任"实施意见
- ■ B. 党风廉政建设责任制考核办法
- ■ C. 党风廉政建设责任制追究办法
- ◻ D. 加强党风廉政教育办法
- ⊠ E. 签订落实党风廉政建设责任书
- □ F. 其他(请填写): _____

图2 高校落实党风廉政建设责任制考核体系和方式

在考核方案制定上，高校落实党风廉政建设责任制考核方案还有待完善。根据调研情况，46.15%的高校有完善的考核实施方案，38.46%的高校有考核方案但实施不够，15.38%的高校无考核实施方案。

在考核方式运用上，绝大多数高校认为综合运用是落实党风廉政建设责任制最好的方式，其他依次是学校年度集中检查、平时随机检查、公开述职。但在实际运用上，年终考核方式运用较多，平时考核方式运用较少。根据调研情况，高校落实党风廉政建设考核方式有单位做年度工作总结、班子自查自评、本单位民主测评、学校组织检查、平时考核、校领导评价等方式。其中，运用"单位做年度工作总结"方式的最多，有89.74%的高校；运用"平时考核"方式的最少，有15.38%的高校。

在考核不合格情况的评定上，各高校标准不一。根据调研情况，各高校在党风廉政建设责任制考核中不合格的有年度民主测评结果极差、领导班子及其成员有违纪违法行为、抓党风廉政建设不力等情形，有的高校无不合格情况。

## （三）考核结果运用

在"一票否决制"的运用上，各高校落实党风廉政建设责任制考核"一票否决制"否决的内容不统一。根据调研结果，35.9%的高校"一票否决"年度考核不合格单位和负责人取消评优资格，25.64%的高校年度考核不合格的单位取消评优资格，23.08%的高校年度考核不合格的单位的负责人取消评优资格，

15.38%的高校未落实相关机制。

在考核结果公示上，56.41%的高校在一定范围内公示，25.64%的高校不公示，7.69%的高校在全校公示。此外，有高校对考核结果当面反馈，有高校将结果运用到目标任务考核。

在考核结果使用上，74.36%的高校把党风廉政建设责任制考核结果作为对领导干部任用、奖惩和责任追究的重要依据，25.64%的高校把党风廉政建设责任制考核结果纳入单位绩效分配体系，23.08%的高校不将党风廉政建设责任制考核结果与单位绩效分配挂钩。

从党风廉政建设责任制考核结果是否真实反映实际情况方面来看，真实度还有待提高。根据调研结果，61.54%的高校认为基本客观，23.08%的高校认为一般，12.82%的高校认为客观真实，2.56%的高校认为不够客观真实。

在考核效果上，高校党风廉政建设责任制考核对推进全面从严治党的效果还有待提高。根据调研情况，51.28%的高校认为效果较好，20.51%的高校认为效果很好，28.21%的高校认为效果一般。

通过调研分析，高校落实党风廉政建设责任制考核工作总体上较好，落实党风廉政建设责任制制度体系不断完善，考核制度不断健全，考核方式的多样性和有效性不断加强，考核结果运用不断强化，对推进全面从严治党有一定的效果。但与此同时，也面临着一些问题：一是对落实党风廉政建设责任制考核的重视程度还不够高，思想认识还不够到位；二是考核体系还不够完善，日常监督检查较为欠缺，考核实施方案、考核方式还需进一步细化；三是考核结果真实反映实际情况不够，存在检查、考核流于形式的现象；四是对考核结果运用不够，"一票否决"情形不够细化等。对这些问题我们必须重视，以便于下一步有针对性地制定对策，确保党风廉政建设责任制能够落实到位。

# 三、 新形势下高校落实党风廉政建设责任制工作对策

针对高校全面从严治党面临的新形势，我们必须深入贯彻党的十九大精神，以学习习近平新时代中国特色社会主义思想为指导，充分发挥高校党委在管党治党中的领导核心作用，推动全面从严治党取得新进展、新成效，持之以恒地正风肃纪，深入推进反腐败斗争。党风廉政建设责任制必须扎实推进落实，在坚持中深化，在深化中发展。

## （一）加强全面从严治党宣传教育，进一步统一思想，提高推进全面从严治党的自觉性，打牢落实廉政建设责任制的思想基础

### 1. 坚持教育为先，预防为主

把党章、党规、党纪和习近平新时代中国特色社会主义思想作为宣传和教育重点，坚定理想信念，强化精神支柱。使党员、干部的精神世界充实、坚定，精神追求立起来、强起来，

引导党员干部讲党性、重品行、做表率；分层分类开展领导干部廉洁从政教育、教学科研人员廉洁从教教育、重点岗位人员廉洁从业教育和学生廉洁修身教育，大力加强校园廉政文化建设，为党风廉政建设营造良好的思想和文化氛围。

## 2. 增强教育针对性和实效性

创新和丰富教育方式方法，不断积极探索廉政建设教育经常化、制度化的有效途径，使得纪律教育方式生动多样、富有实效。切实把纪律教育融入党员干部日常管理监督工作中；加大警示教育力度，组织党员干部认真学习上级纪委通报曝光的典型案例，组织干部工作人员赴廉政教育基地接受警示教育，对查出的违规违纪行为通报曝光。用身边事教育身边人，增强廉政教育的感染力和震慑力，使党员干部心有所畏、言有所戒、行有所止。

近期山东大学组织开展学习《中国共产党纪律处分条例》（以下简称《条例》）活动。学校对学习宣传、贯彻落实工作提出明确要求，通过宣传学习，要使党员、干部深刻领会到，《条例》的修订彰显了党中央推动全面从严治党向纵深发展的坚定决心和顽强意志，释放了以铁的纪律管党治党的强烈信号，体现了下大气力建制度、立规矩、抓落实、重执行的鲜明导向。要求全校各级党组织和广大党员进一步提高政治站位，充分认识《条例》修订和实施的重大意义，自觉把思想和行动统一到中央的精神和要求上来，切实在学习好、宣传好、贯彻好《条例》上下功夫，在学懂弄通做实上见成效。

学校党委、纪委并将适时对各单位学习贯彻《条例》的情况进行监督检查，将学习贯彻情况作为领导班子和领导干部考核管理、党委书记抓基层党建工作述职评议、党风廉政建设责任制考核的重要内容；作为日常监督和督查巡察的规定动作，重点检查是否认真传达部署、组织学习，是否有明确具体的要求和举措，是否严格按照《条例》精神加强干部教育管理监督；对检查中发现的学习贯彻不认真、走过场、履责不力的，严肃追责问责，确保《条例》从严从实贯彻落实到位。

学校党委、纪委还应组织学习贯彻《条例》集体备课会，由学校纪委委员、基层纪检委员、专职纪检监察干部参加，就如何抓好《条例》的学习贯彻工作等方面进行示范教学，把学习宣传《条例》进一步落到实处。

## (二)大力推进制度创新，打牢落实党风廉政建设责任制的制度基础

### 1. 注重建章立制，扎紧制度的笼子

始终把贯彻党风廉政建设责任制作为加强党风廉政建设的关键环节。落实党风廉政建设责任制，必须加强制度建设。从目前调查情况看，各高校廉政建设责任制制度建设状况不均衡，制度体系还不完善，在明责、问责、督责、究责方面的制度还不够严密，制度建设有待于进一步加强。在制度建设中，尤其要发现问题背后存在的监督漏洞和制度机制缺陷，健全廉政风险防控机制。贯彻落实党风廉政责任制，关键靠法规制度作

保证。

## 2. 积极创新工作机制，优化工作格局

努力形成"四责协同"工作机制，让党委主体责任、纪委监督责任、党委书记第一责任、班子成员"一岗双责"组成有机整体。层层传导压力，层层压实责任。落实党风廉政建设责任制不仅是纪委一家的事，各级党组织要切实增强责任担当，敢于善于运用"四种形态"，特别是在第一种形态上多下功夫，立足于早、着眼于小，发现了问题就要管，让党员干部不犯错误或者少犯错误，防止滑向更大错误。

## 3. 坚决维护纪律的严肃性

始终坚定不移地惩治损害师生利益的不正之风和腐败问题。坚持无禁区、全覆盖、零容忍，尤其是紧盯"人、财、物、事"等重点领域和关键环节，发现问题，严肃查处，形成强大震慑。

例如，山东大学不断探索党风廉政建设工作机制，围绕中层单位领导班子任期目标责任制，重点加强目标制定和任期考核工作，同时强化年度和届中考核，充分发挥纪检监察、督查巡察、审计等部门的协同作用，对中层领导班子廉政建设责任制落实情况、群众认可度等进行综合评价。从而使工作机制保持不断，并连续发力，以形成党风廉政建设监督合力。近年来，山东大学依据党内法规，结合学校实际出台了多项全面从严治党、落实党风廉政建设的管理制度。如《中共山东大学委员会关于加强和改进基层党建工作的意见》《中共山东大学委员会贯

彻落实〈中国共产党问责条例〉实施细则》《山东大学中层领导班子落实党风廉政建设责任制考核实施细则》《山东大学党建工作考核分工方案》等文件和工作通知,制度体系进一步完善。

在《贯彻〈中国共产党问责条例〉实施细则》通过、实施的同时,该校就几起失责事件对有关责任人进行了严肃问责,并全校通报。此次问责在校内引起了很大关注,几天内点击量达五千余人次,学校其他单位纷纷引以为戒,积极自查自纠,产生了显著的教育督促效应。

## (三)狠抓落实,严格检查考核,确保党风廉政建设责任制落到实处

抓落实是全面从严治党的基本要求,要紧紧围绕全面从严治党的主要任务,加强落实党风廉政建设责任制检查考核。这是确保党风廉政建设责任制落到实处,推动党风廉政建设和反腐败斗争不断深入的关键环节。只有加强检查考核,才能在广大领导干部的思想观念中树立起制度的权威。在制度执行上要坚决贯彻"违纪必纠、违纪必罚"的方针,真正使制度具有个人意志不可逆转与抗拒的刚性。

### 1. 明确考核原则

必须坚持目标导向,夯实全面从严治党主体责任。充分发挥考核的导向作用、监督作用,引导党员干部积极、主动、创造性地开展工作。鼓励担当作为、追求卓越,更好发挥高校中层领导班子的引领、支撑和保障作用。

必须落脚于工作实绩，增强考核的针对性、严肃性、实效性。促进考核工作科学化、制度化、规范化。在考核过程中讲究科学，注重实效，程序与结果都要客观公正、实事求是。

必须加强对基层落实廉政建设责任制的工作指导，增强问题意识，明确工作要求，鼓励担当作为。

### 2. 突出考核重点

建立健全检查考核机制，制定检查考核的评价标准、指标体系，明确检查考核的内容、方法、程序。在考核体系中要确定关键指标，并设置分值比例或权重。考核内容可以分为基本指标、特色指标、负面清单几个部分，其中特色指标以奖励为主，属于加分项。在考核中应尽可能实现客观打分。

例如，《山东大学中层领导班子落实党风廉政建设责任制考核实施细则》关于考核的主要内容有：落实党风廉政建设领导责任情况；贯彻执行中央八项规定精神情况；落实党内监督条例及监督执纪"四种形态"情况；加强廉政风险防控情况；领导班子成员及干部职工廉洁自律，遵守党规党纪和学校规章制度等情况；结合本单位实际主动开展工作，形成本单位特色和经验情况。该细则体现了既严肃认真又鼓励担当作为的考核原则，同时也坚持问题导向，突出了考核的重点，内容简洁明了、实效性强。

### 3. 用好考核方式

检查考核工作每年应进行一次。检查考核可以与领导班子、领导干部年度考核、工作目标考核等结合进行，也可以组织专门检查考核。

一是实行检查考核制。平时根据绩效考核，结合其他工作进行例行检查，每学期应召开党风廉政建设情况分析会，半年重点抽查，年终全面检查。二是实行述职报告制。二级党委领导每年要向学校纪委报告党风廉政建设工作及责任制落实情况，并将民主评议情况形成综合报告报送纪委。三是实行综合考核方法。多重方式考核综合运用，多渠道多节点检查考核，适用于关键环节和重点领域，重点检查考核责任制目标达成度，及时指出存在问题，以利于进一步做好责任制工作。

例如，山东大学不断探讨党风廉政建设考核方式，务求实效，考核分为重点检查和年终考核：一是学校成立由校领导、纪委委员、纪检委员组成的工作组，对二级单位进行常规性的重点检查及调研，主要工作方式为听取汇报、查阅档案资料、举行座谈会等，重点检查结果作为当年落实党风廉政建设责任制考核成绩评定的重要依据。二是每年年底进行年终考核。各单位根据考核内容总结本单位党风廉政建设落实情况，开展班子自查自评和本单位民主测评。三是学校党委根据重点检查和年终考核情况，结合学校纪检监察部门汇总掌握的群众信访反映、问责、党纪政纪处分或组织处理等情况，确定年度考核结果。

考核等次分为优秀、良好、合格、不合格。学院、科研机构与机关、直属附属单位分类排序，每个序列的优秀比例原则上控制在30%以内。在考核检查中，对不同序列的单位进行类比比较，综合分析责任制落实情况，认真落实审定加减分项目，以达到客观公正地确定分数和等级。

4. 完善检查考核结果运用制度

一是将检查考核情况在适当范围内通报。根据考核成绩评出优秀、合格、不合格等次，并在全校范围内予以通报。在考核中，不能搞能过则过、迁就照顾，对党风廉政建设责任制工作不重视、落实不到位的单位，该不合格就定不合格，不能就只有因违法违纪问题而被"一票否决"才定不合格，确保基层党风廉政责任制工作的真正落实。

二是对检查考核中发现的问题及时研究分析，提出解决方案和建议解决。对一些重大问题，必要时通过巡察督查进行协调，应推进深化整改落实，不能只检查不改进。

三是将检查考核结果作为对领导班子总体评价和领导干部评定、奖励惩处、选拔任用的重要依据。要把党风廉政建设机制落实到实处、落实到关键处，保证机制运行的通畅完整。

例如，山东大学党风廉政建设责任制考核结果作为对领导干部任用、奖惩和责任追究的重要依据。实行党风廉政建设责任制"一票否决"制度。年度考核不合格单位的第一责任人，单位取消其评优资格。对考核不合格的单位和部门负责人，由纪委书记约谈，限期整改，并将书面整改报告交纪委备案，发现违纪违规问题按相关规定处理。由此，中层领导班子党风廉政建设责任制考核结果的使用将成为学校深化综合体制改革的重要内容。

## （四）强化监督合力，推动落实党风廉政建设责任制走向深入

### 1. 完善党风廉政建设监督体系

统筹协调全面监督、专责监督、职能监督、日常监督和民主监督，形成"五位一体"的党内监督合力，从严治党、从严治教、从严治学。纪委要严格履行好专责监督职能，强化监督的再监督，推动各监督主体各司其职、齐抓共管、齐头并进。深入探索落实党风廉政建设与校内巡察工作有机结合的途径和方法，综合运用好多种督查方式开展督促检查工作，推动党风廉政建设责任制落实到位。

### 2. 主动研判廉政建设态势，把握党风廉政建设发展规律

认清廉政建设新形势新任务新要求，进一步增强党风廉政建设的政治性、时代性和针对性。面对不断发展变化的实践，坚持深入总结成效与不足，在探索中改进完善工作，提高落实党风廉政建设任制的实际效能。

例如，山东大学近期在全校开展了"大学习、大调研、大改进"活动，每位校领导都要主持调研课题，制定调研方案，指导相关部门开展调研工作。纪检监察部门也应结合工作实际，特别是对"三转"以后重点领域、关键环节的廉政风险防控做认真细致的调研摸索，以期将调研成果和共识转化为有效的政策

措施。

　　全面从严治党永远在路上。在新形势下，高等教育事业发展到什么阶段，全面从严治党就要推进到什么阶段。我们要清醒地认识到肩负的职责使命，要保持锐意改革、大胆创新的精神，主动适应全面从严治党形势任务需要，不断研究新情况、发现新问题、总结新经验、探索新对策，敢于担当、主动作为，推动高校党风廉政建设向纵深发展，进一步净化校园政治生态，为高校改革发展各项事业取得新的突破提供坚实的政治保障。

# 高校开展内部巡察的制度和路径建设研究

浙江大学廉政建设中心

马春波　　张栋梁　　王婷婷

党的十八大以来，以习近平同志为核心的党中央高度重视巡视工作。党的十九大报告指出，要深化政治巡视，建立巡视巡察上下联动的监督网。《教育部巡视工作规划（2018—2022年）》进一步明确，"指导直属高校党委开展对二级单位党组织的巡察工作"。高校党委担负着管党治党、办学治校的主体责任，应深入贯彻落实中央和教育部党组关于巡视巡察工作的精神和要求，积极探索开展巡察，加强建章立制，优化工作机制，着力推进政治巡察制度化、常态化、规范化，使巡察工作成为完善党内监督体系、推动全面从严治党向纵深发展的有力抓手，为学校推进"双一流"建设、实现内涵式发展提供坚强政治保障。

# 一、 高校开展巡察工作的现实背景

## (一)党中央推进巡视巡察工作的方针政策

巡视巡察是强化党内监督的战略性制度安排,是国之利器、党之利器。党的十九大站在政治和全局的高度,对深化政治巡视巡察作出了新的部署:"深化政治巡视,坚持发现问题、形成震慑不动摇,建立巡视巡察上下联动的监督网。深化国家监察体制改革,将试点工作在全国推开,组建国家、省、市、县监察委员会,同党的纪律检查机关合署办公,实现对所有行使公权力的公职人员监察全覆盖。"①2017年新修订的《中国共产党巡视工作条例》明确规定:"党的市(地、州、盟)和县(市、区、旗)委员会建立巡察制度,设立巡察机构,对所管理的党组织进行巡察监督。"这是对推进全面从严治党不松劲、不停步、再出发的新要求,充分体现了习近平新时代中国特色社会主义思想关于巡视巡察工作重要论述的精髓,充分体现了党中央对管党治党规律的深刻把握。

## (二)教育部构建巡视巡察上下联动监督网的决策部署

高校肩负着培养德智体美劳全面发展的社会主义事业建设

---

① 习近平. 决胜全面建成小康社会 夺取新时代中国特色社会主义伟大胜利——在中国共产党第十九次全国代表大会上的报告[M]. 北京:人民出版社,2017:67-68.

者和接班人的重大任务，必须牢牢掌握党对高校工作的领导权，使高校成为坚持党的领导的坚强阵地，因此强化政治监督是高校党委的重要政治责任，开展内部巡察是行之有效的好方法、好制度。2018年5月17日，教育部党组召开深化巡视整改暨推进巡察工作座谈会，对巡视巡察任务作出部署，明确要"稳步推进直属高校巡察工作"。《中央巡视工作规划（2018—2022年)》《教育部巡视工作规划（2018—2022年)》都对建立巡视巡察上下联动的监督网提出了明确要求。从高校实施巡察实践来看，巡察是巡视工作向高校基层延伸的有效方式，是高校落实全面从严治党要求、完善基层党内监督的重要措施，是高校密切党群干群关系、落实立德树人根本任务的重要途径，打通了党内监督的"最后一公里"。

## （三）高校党委落实全面从严治党主体责任的现实要求

面对新时代党情、国情、世情发生重大而深刻的变化，高校党委要切实担负起管党治党、办学治校主体责任，把高校建设成为全面从严治党的坚强阵地，为扎根中国大地建设世界一流大学提供根本保障。然而，高校并非一片净土，据统计，党的十八大以来，已有150余名高校领导干部被中央纪委网站通报；2017年，中央第十二轮巡视开展了对中管高校的集中政治巡视，从反馈情况来看，暴露出高校不少问题，其中"四个意识"不够强、党委领导核心作用发挥不充分、党的建设缺失和全面从严治党不力、管党治党的责任和压力层层递减等，是高校存在的突出问题。因此，当前高校管党治党的形势和任务说明，在高校推进巡察制度既有必要性，也有可行性，高校党委必须用习近平新时代中国特色社会主义思想武装头脑，把办好中国特色社会主义大学作为根本政治方向，坚持问题导向，以强化巡察监督为重要抓手，以永远在路上的执着推动全面从严治党向纵深发展、向基层延伸。

# 二、 高校巡察工作现状分析

## （一）高校巡察工作开展现状

与全国市县已基本建立巡察制度相比，高校巡察工作还处于起步探索阶段，工作经验相对缺乏，制度机制尚未完备；针对高校巡察的专题研究也较少。因此，如何推进高校巡察工作的常态化、制度化、规范化，加强制度和路径研究，既有现实指导意义，也有一定的理论研究价值。

笔者团队对全国部分省区市和高校开展巡察情况进行了调研了解，从走访调研和问卷调查情况来看，已有部分省区市制定出台了高校建立巡察制度的指导意见。2018 年 6 月，北京市委教育工委印发《关于建立北京市属高校巡察制度的意见（试行）》，对市属高校建立巡察制度作出部署；浙江省、广东省等也正在着力推动高校构建校内巡察机制。从全国高校来看，2018 年 5 月教育部党组召开深化巡视整改暨推进巡察工作座谈会后，许多高校相继建立校内巡察领导小组、设置巡察机构

(巡察办公室),印发巡察制度,相继启动校内巡察工作。经统计,目前教育部直属的 26 所中管高校都已经成立巡察工作领导小组和办公室,巡察工作已经启动或者制订方案,具体开展情况如表 1 所示。

表 1　　　　教育部直属的中管高校巡察工作开展情况①

| 序号 | 高校名称 | 是否设立巡察工作领导小组 | 是否设立巡察办公室 | 巡察开展情况 |
|---|---|---|---|---|
| 1 | 北京大学 | 是 | 拟发文(单独设置) | 正在起草方案 |
| 2 | 清华大学 | 是 | 是(单独设置) | 2018 年启动两轮 12 家单位的巡察 |
| 3 | 中国人民大学 | 是 | 是 | 正在起草方案 |
| 4 | 北京师范大学 | 是 | 是(单独设置) | 2018 年启动 2 家单位的巡察 |
| 5 | 中国农业大学 | 是 | 是(单独设置) | 2018 年开展 4 家单位的巡察 |
| 6 | 南开大学 | 否 | 方案已研究,尚未发文 | 正在起草方案 |
| 7 | 天津大学 | 是 | 是 | 正在起草方案 |
| 8 | 大连理工大学 | 是 | 是 | 2018 年启动 2 家单位的巡察 |

① 调研信息截至 2018 年 11 月。

| 序号 | 高校名称 | 是否设立巡察工作领导小组 | 是否设立巡察办公室 | 巡察开展情况 |
|---|---|---|---|---|
| 9 | 吉林大学 | 是 | 是 | 2015—2016年对附属医院等巡察，2018年启动对6家单位的内巡 |
| 10 | 复旦大学 | 是 | 是 | 2014年开始巡察，已完成一轮院系党组织全覆盖 |
| 11 | 上海交通大学 | 是 | 是 | 2018年4月启动第一轮2家单位的巡察 |
| 12 | 同济大学 | 否 | 是 | 2018年已启动2轮6家单位的巡察 |
| 13 | 南京大学 | 是 | 准备发文 | 正在起草方案 |
| 14 | 东南大学 | 是 | 是 | 2018年已启动4家单位的巡察 |
| 15 | 厦门大学 | 是 | 是 | 已开展8家单位的巡察 |
| 16 | 山东大学 | 是 | 是（挂靠"两办"） | 2016年至今已启动4轮7个党组织的巡察 |
| 17 | 武汉大学 | 是 | 是 | 正在起草方案 |
| 18 | 华中科技大学 | 是 | 是 | 2018年启动第一轮5家单位的巡察 |
| 19 | 中南大学 | 是 | 是 | 目前已开展第一轮5家单位的巡察 |
| 20 | 中山大学 | 是 | 是 | 已开始启动8家单位的巡察 |
| 21 | 重庆大学 | 是 | 是 | 2018年上半年开展2家，下半年开展2家 |
| 22 | 四川大学 | 是 | 是 | 开始第一轮6家单位的巡察 |

| 序号 | 高校名称 | 是否设立巡察工作领导小组 | 是否设立巡察办公室 | 巡察开展情况 |
|---|---|---|---|---|
| 23 | 西安交通大学 | 是 | 是 | 计划 2018 年完成对 7 家二级党组织的巡察(已完成 5 家,正在进行 1 家,1 家待进行) |
| 24 | 西北农林科技大学 | 是 | 是 | 2018 年计划开展对 2 家单位的巡察 |
| 25 | 兰州大学 | 是 | 是 | 2016 年启动,已开展 5 批次,43 家单位 |
| 26 | 浙江大学 | 是 | 是 | 2015 年启动 2 家,2018 年已完成对 14 家单位巡察 |

浙江大学从 2015 年年底开始,研究制定内部巡察工作实施办法,按照"试点先行、分批推进、逐步扩大覆盖面"的步骤,积极探索对二级党组织内部的巡察工作。2017 年 5 月,教育部巡视办公室召集浙江大学、复旦大学、山东大学、厦门大学、中南大学、河海大学等高校召开了开展巡视巡察工作交流研讨会。2017 年 11—12 月,中央巡视领导小组办公室、教育部巡视工作办公室相继就高校巡视巡察工作到浙江大学等高校调研,对高校构建巡视巡察上下联动监督网、探索推进内部巡察工作给予关心指导。

## (二)对教育部 75 所直属高校的调研分析

浙江大学廉政研究中心于 2018 年 7 月对教育部 75 所直属

高校纪委进行调研问卷调查，对涉及校内巡察有关情况统计如图1所示：

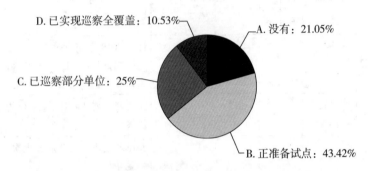

图1　高校对二级单位党委开展巡察工作情况

　　教育部75所直属高校对于二级单位党委开展巡察工作中，有43.42%处于正在准备试点阶段，10.53%已实现巡察全覆盖，21.05%未开展相关的准备工作。

　　调研显示，超过97%的高校纪委认为专门成立巡察工作办公室对二级单位开展巡察进行组织协调是有必要的，其中，超过80%的高校纪委认为很有必要。通过对比发现，对于二级单位开展巡察工作，主观必要性认可与实际工作开展是存在一定的差距的。

　　根据相关性分析，结合问题内容可以看出，对于已经专门成立巡察工作组织机构的高校，总体认为对二级单位党委开展巡察工作更为有利。因此，高校成立巡察工作组织机构，可以切实推动学校开展内部巡察工作，有利于学校全面从严治党和党风廉政建设工作，如图2所示：

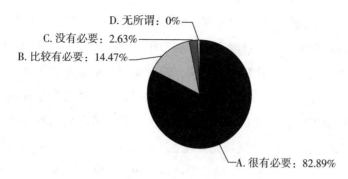

D. 无所谓: 0%

C. 没有必要: 2.63%

B. 比较有必要: 14.47%

A. 很有必要: 82.89%

图 2　高校纪委对专门成立巡察工作办公室的必要性分析

## (三)高校巡察工作面临的困境和问题

从目前高校实施巡察制度的实践来看，虽然各高校积极探索已经取得了明显成效，但普遍面临着一些困境和问题。

### 1. 巡察组织领导体制还在探索

巡察机构的设立关系着巡察工作的权威性,《中国共产党巡视工作条例》第 5～12 条对巡视工作的机构、人员、职责作了明确的规定。2017 年 7 月中央办公厅印发《关于市县党委建立巡察制度的意见》，对巡察工作总体要求、职责任务、监督质量、机构队伍、组织领导等作出明确规定。目前已明确高校党委要切实履行管党治党政治责任，承担巡察工作主体责任，加强对巡察工作的组织领导，定期研究巡察工作，着力解决巡察工作中存在的突出矛盾和急难重大问题。但对于如何加强巡察机构建设、巡察工作领导小组怎样组成、领导小组办公室怎么设置以及巡察小组工作职责要求等都还没有统一规定。

根据调研，高校的巡察组织领导体制和机构设置模式多样，以各自探索为主。目前高校巡察工作领导小组及巡察办公室的职责定位和工作机制各不相同，领导小组一般有两种模式：一种是学校党委书记担任组长，党委副书记、纪委书记等校领导担任副组长。比如北京市《关于建立北京市属高校巡察制度的意见(试行)》明确"高校党委成立巡察工作领导小组，负责组织实施学校巡察工作，向校党委负责并报告工作。组长由学校党委书记担任，副组长由学校党员校长、党委副书记、纪委书记担任，成员由校党委组织部部长、校纪委副书记及巡察工作领导小组办公室主任担任"，并明确"高校党委巡察工作接受市委教工委巡察工作领导小组的领导"。另一种模式是纪委书记担任组长，党委组织部部长(有的加纪委副书记)担任副组长，成员由纪委办公室、党委组织部、巡察办公室(有的还加入党委办公室、党委宣传部、党委教师工作部、人事处、计财处、审计处等)等部门负责人组成。

巡察办公室作为巡察工作领导小组日常办事机构，目前的设置总体上也有两种模式，一种是明确作为党委工作部门，独立设置，机构和编制都单列，少部分高校还加入督导督查等职能；另一种是明确作为党委部门，挂靠纪委或者党委组织部或者党委办公室(也有表述为设在纪委、挂靠纪委办、与纪委办合署等)，不单独设立，编制在部门原有基础上适当增加。

目前各高校从自身实际出发，设立不同的巡察组织领导体制和工作机制进行积极实践创新，但也会存在选择哪种模式的困惑、内部思想认识模糊或不统一等问题，这有待于经过一段时间的实践后进行总结提炼分析，逐步形成共识和基本原则。

2. 熟人社会"派谁去巡"的问题

高校能否做好巡察工作，"派谁去巡"非常重要。首先，高校是个"熟人社会"，开展巡察工作首先就会面临"熟人社会"监督难问题。目前各高校对巡察组队伍非常重视，普遍提出要建立政治素质好、业务能力强、工作作风实的巡察队伍。如北京市提出"巡察组成员应当具备政治坚定，对党忠诚，坚持原则，敢于担当，公道正派，清正廉洁等基本条件"，但会面临临时组建稳定性不够问题。比如要求选派的优秀青年干部往往是原单位骨干，由于巡察工作量大、任务多，要有一段时间相对脱离原岗位，将全部精力投入到巡察工作中存在困难。其次，具体巡察队伍组长比较难选，巡察组一般实行组长负责制，目前较多高校巡察组组长聘请退休的老同志担任，老同志经验丰富、能力全面、有权威，但也可能部分老同志会有"得罪人，多一事不如少一事"的想法。再次，巡察队伍的业务能力面临挑战。巡察工作有着非常强的政治要求和业务能力要求，而高校的巡察组成员基本是临时抽调组建，专职巡察人员很少或没有，所以普遍面临政策水平、业务能力等方面的问题。

3. 巡察内容"找准问题"的针对性问题

巡察工作是政治巡察，高校必须坚持社会主义办学方向和立德树人根本任务，其巡察内容要贯彻中央巡视工作精神，但不能照搬市县巡察工作内容，需要结合高校自身特点和实际开展。另外，各高校既有共性问题，也有个性问题，巡察内容不能千篇一律，需要各有侧重。因此巡察内容如何根据高校特点提高针对性，聚焦问题突出重点，找准被巡察单位的主要问题非常重要。巡察是政治巡察不是业务巡察，要突出"六个围绕、一个加强"，紧盯领导班子和关键少数，注重以下看上，从政治上看问题。调研发现，有的高校几个巡察报告都是一个模式，问题大同小异。问题虽然找出来了，但找得是否准、是否找出主要问题要打个问号。巡察的针对性不强，查找到的重点问题不突出，有偏重形式倾向。有的巡察组聚焦"关键少数"不够，没有深挖问题，没有透过现象看本质，不能从政治高度看问题，尤其不能从业务问题中查找出政治问题；巡察存在就事论事、记流水账现象，缺少特色凝练，存在就纯业务问题谈巡察问题等情况。有的巡察组还分不清政治巡察和业务巡察的界限，片面认为巡察就是为推动工作搞的突击性检查。有的还拿不准政治巡察和纪委执纪审查的界限，出现定位偏差。有的被巡察单位思想认识不到位，在迫于无奈地"被动接受"之后，想方设法地"主动应对"以求不出纰漏。有的被巡察单位对政治巡察精神不理解，比如全面从严治党专题报告，经多次修订，仍然是谈业务、谈成绩，无法聚焦问题，等等。调研发现，由于巡察对象是党政领导班子及成员，因而有的师生事不关己、高高挂起，采取漠视的状态，不愿意说、不愿意谈，通过回避的态度进行自我保护；也有的因平时工作中有矛盾，就借机无限放大问题，走入偏激，等等。

### 4. "怎样去巡"方式方法问题

巡察工作要讲究方式方法，目前中央巡视和市县巡察主要采用听取工作汇报、组织个别谈话、受理信访、民主测评、问卷调查、走访调研、专项检查等方式；工作方法结合工作实际，采用"三个不固定""点穴式""下沉一级""回头看法"等方法，这些方式方法对于高校开展巡察工作具有很好的指导意义。高校巡察时间相对较短，巡察内容有高校特点，这就要求巡察组灵活运用巡察方式方法，同时强调依规依纪开展工作，严格遵守巡察的工作程序。目前有的高校巡察前培训不充分、巡察中指导不及时，在巡察过程中，巡察组只偏重采取开座谈会、个别谈话、列席会议、查阅资料、受理举报等较为"固定"的方式进行巡察，有一定的局限性；而务实管用的方法创新不够，没有扣住实质性问题，导致巡察工作流于形式、巡察结果趋于雷同，以致巡察组在"形式周全"与"实质虚无"之间有时背离了巡察工作的初衷。加之各巡察组开展座谈时个别谈话的多、走访暗访的少；测评测试的多、实地查看的少；查阅面上资料的多、深入调查了解的少，容易发现一些共性和面上的问题，较难发现深层次、实质性的问题。

### 5. 巡察整改"后半篇文章"问题

巡察发现问题是为了解决问题，发现问题不解决，比不巡察的效果还坏。因此强化巡察整改和成果运用，做好巡察"后半篇文章"尤为重要。调研中发现大部分高校 2018 年刚启动巡察，虽然普遍比较重视整改工作，但从党的观念淡漠、组织涣散、纪律松弛等问题的顽固性和党风廉政建设和反腐败斗争形势依然严峻复杂的形势判断来看，如何做好巡察整改"后半篇文章"，特别是不仅重视面上问题整改，更要推动全面从严治党形成长效机制等，依然需要深入研究。另外，建立巡视巡察上下联动的监督网是完善党内监督体系，推动全面从严治党向纵深发展的重要抓手。在高校巡察中如何将上级对高校的巡视整改情况作为学校内部巡察的重点，着力推进全面从严治党向基层延伸，把管党治党政治责任落实到基层，也有待建立巡视巡察上下联动的领导体制、工作机制、制度体系和组织保障等。

## 三、 高校巡察制度建设的总体思路

高校巡察制度要坚持以习近平新时代中国特色社会主义思想为指导，以贯彻落实《中国共产党巡视工作条例》《关于县市党委建立巡察制度的意见》为基本遵循，聚焦政治巡察工作要求和高校巡察工作实际，着力从巡察主体、巡察内容、巡察方式、巡察程序、巡察整改、巡察机制等方面展开，提出解决目前高校巡察工作体制机制不健全、政治巡察定位不准、没有"依规依纪开展巡察"、针对性和时效性不强以及巡察干部不适应新时代工作需要等问题的有效办法，确保巡察工作遵循"发现问题、形成震慑、推动改革、促进发展"工作方针，形成巡视巡察上下联动的监督网格局，推进高校全面从严治党向纵深发展、向基层延伸。制度要着力解决以下问题：

1. 坚持有章可循，完善组织机制

高校巡察制度建设可根据《中国共产党巡视工作条例》和中央、部省巡视工作规划等文件精神，制订完善内部巡察工作实施办法，建立健全校内巡察工作领导体制和工作机制。高校可按照"先试点、后铺开"的思路，不断提高内部巡察广度、频度和力度，切实强化党内监督，严肃党内政治生活，净化党内政治生态，推进全面从严治党向纵深发展、向基层延伸。高校巡察工作要坚持党委统一领导，坚持实事求是、依规依纪，坚持群众路线、发扬民主，坚持政治方向、准确定位，坚持统筹谋划、稳步推进，坚持问题导向、标本兼治，坚持紧贴基层、确保质量等基本原则。

2. 突出政治巡察，规范巡察内容

高校内部巡察要坚持政治巡察定位，把党的政治建设摆在首位，强化政治监督作用，聚焦坚持党的领导、加强党的建设、全面从严治党，进行全面政治体检。应重点检查被巡察党组织和党员、干部尊崇党章、坚持党的领导、加强党的建设和落实党的路线方针政策情况等，履行全面从严治党责任情况，并将上级对学校巡察反馈意见整改情况纳入巡察重点，着力发现基层党的领导弱化、党的建设缺失、全面从严治党不力，党的观念淡漠、组织涣散、纪律松弛，管党治党宽松软等突出问题。应突出从政治建设、思想建设、组织建设、作风建设、纪律建设和党风廉政建设等层面对巡察单位党的建设进行监督检查，着力发现问题、形成震慑，推动改革、促进发展。

巡察要学会从政治上查找问题。所有的业务工作都是党领导下的业务工作，都是党的政策方针路线的具体化，没有离开政治的业务，也没有离开业务的政治，巡察要善于从改革发展中发现问题，即便校内其他业务问题归根结底也是政治问题。

### 3. 配强巡察队伍，创新方式方法

政治巡察既是对巡察对象的"体检"，也是对巡察工作人员忠诚、干净、担当的检验。针对"派谁去巡""熟人社会"等难题，高校要高标准、严纪律建设巡察干部队伍，突出政治标准，按照"三个不固定""一次一授权"原则，选好配强巡察组组长。巡察组组长选拔党务经验丰富、资历较深的党员领导干部担任，巡察组成员可由校院两级党政部门中党性强、纪律严、作风正、工作实的管理干部组成，并加强业务培训。高校可建立健全巡察人才库，严把入口、畅通出口，着眼于从优秀后备干部中遴选巡察干部，把巡察岗位历练作为发现、培养、锻炼干部的重要平台，以增强巡察队伍的生机活力。同时，要鼓励巡察组根据巡察对象实际情况和问题聚焦方向，创新巡察方式方法，力求务实管用，提高巡察的针对性和有效性，并积极探索专项巡察、"机动式"巡察、"回头看"及下沉一级巡察等方式。

### 4. 注重整改实效，强化立行立改

做好巡视巡察"后半篇文章"，关键要在整改上发力。巡察是政治巡察，整改是政治任务，巡视巡察后的问题整改工作是重点。高校党委要切实发挥内部巡察政治"显微镜"和"探照灯"

作用，通过预防性、诊断性监督检查，发现问题、推动整改、促进提高，强化震慑和警示作用，使全面从严治党向基层延伸，把管党治党政治责任落实到基层。明确要求被巡察单位党组织认真履行整改主体责任，即巡察前即知即改、巡察中立行立改、巡察后全面整改。及时在一定范围内公开巡察整改情况，及时向学校报告巡察整改情况。对巡察发现的问题线索，依据归口管理、各司其职的原则，分类报送有关部门。根据实际需要，可通过组织回访、听取汇报、实地督导等方式，进一步了解和督促指导巡察单位做好整改落实。

## 四、 高校巡察机制的建设路径

高校要根据各自巡察实际，建立健全制度，不断完善工作机制。主要包括以下几方面：

### 1. 明确巡察主体(谁来巡察)

继巡察监督写入《中国共产党党内监督条例》之后，新修改的《中国共产党巡视工作条例》明确提出"开展巡视巡察工作的党组织承担巡视巡察工作的主体责任"。这就意味着，巡察工作是高校党委落实全面从严治党主体责任的具体化。高校党委要切实履行管党治党政治责任，承担巡察工作主体责任，加强对巡察工作的组织领导，定期研究巡察工作，着力解决巡察工作中存在的突出矛盾和急难重大问题，要切实加强巡察组织机构建设，科学设置巡察工作领导小组及办公室，配齐配强办公室人员，明确巡察工作职责要求。

巡察监督是高校党委工作全局中的重要内容，而不是哪一个部门的工作，更不是学校纪委或者巡察部门、组织部门某一家的事；要凝聚方方面面的力量协同推进，形成"横向全参与、纵向全链接"的巡察工作格局。纪检监察、组织人事、财务审计等部门要共同参与、通力协作，认真履行支持配合职责。巡察前要加强沟通对接，全面客观介绍被巡察党组织情况；巡察中提供信息、人员和专业支持，实现优势互补，同向发力；巡察后应共同抓好巡察整改和成果运用。被巡察党组织要自觉接受监督，主动配合巡察工作，及时整改解决问题，想方设法畅通群众反映问题的渠道，自觉把巡察监督和信访监督、舆论监督、社会监督等有机结合起来，切实提高巡察实效。

2. 规范巡察内容(巡察什么)

"维护习近平总书记核心地位、维护党中央权威和集中统一领导"是新时代巡视工作的"纲"和"魂"。巡察是政治巡察，高校必须坚持社会主义办学方向和立德树人根本任务，巡察内容要贯彻中央巡视巡察工作精神，结合高校特点和自身实际，统筹协调共性问题和个性问题，虽然表述和侧重可以不同，但总体上要对巡察内容进行规范。

巡察要聚焦坚持党的领导、加强党的建设、全面从严治党，重点检查被巡察党组织和党员、干部遵从党章、坚持党的领导、加强党的建设和落实党的路线方针政策，履行全面从严治党责任等情况，着力发现基层党的领导弱化、党的建设缺失、全面从严治党不力，党的观念淡漠、组织涣散、纪律松弛，管党治党宽松软等突出问题。应针对对党的建设中以下内容进行监督检查：

(1)政治建设。重点检查严守党的政治纪律和政治规矩，贯彻执行党的理论和路线方针政策，贯彻上级和学校党委决策部署等情况。

(2)思想建设。重点检查学习贯彻习近平新时代中国特色社会主义思想，理论武装是否存在学和做"两张皮"，思政工作是否贯彻教书育人全过程并有实效，意识形态工作责任制是否坚定落实等情况。

(3)组织建设。重点检查基层党组织建设组织是否健全、制度是否落实、战斗堡垒作用是否发挥；干部选拔任用导向、风气和程序是否符合要求，是否实行科学、民主、依法决策，是否严格执行民主集中制、"三重一大"和请示报告等制度。

(4)作风建设。重点检查是否存在"四风"反弹新动向、新表现，是否存在领导干部特权思想，以及中央"八项规定"及实施细则精神贯彻落实情况。

(5)纪律建设和反腐败工作。重点检查落实党风廉政建设责任制，落实"两个责任"、践行"四种形态"、遵守廉洁纪律以及重点领域和关键环节廉政风险防控情况。

(6)学校党委要求了解和监督检查的其他事项。巡察中要紧盯三个重点：一是重点人，巡察对象主要为学校二级单位领导班子及其成员，特别是主要负责人；二是重点领域，把基建(修缮)工程、科研经费、招生考试、财务管理、干部任免、人事安排、物资采购、学术诚信、师德师风等重点领域以及关键环节作为重点巡察内容；三是重点问题，对基层容易出现的党支部战斗力不强、组织涣散、纪律松弛、"微腐败"等问题要加强针对性巡察，抓小抓早，防微杜渐。

3. 完善巡察方式和程序(怎么巡察)

目前巡察工作方式主要采用听取汇报、列席会议、召开座谈会、个别谈话、受理信访、重要问题了解、调阅资料、民主测评、问卷调查、走访调研、专项检查、立行立改等；工作方法主要采用"三个不固定""下沉一级""回头看法"等。高校巡察一般按照巡察准备、巡察了解、巡察汇报、巡察反馈、移交督办五大程序展开；有的高校将巡察工作基本程序分为准备阶段、实施阶段、报告阶段、整改阶段四个阶段。高校要在综合分析上述巡视巡察工作程序和方式方法的基础上，结合自身特点和巡察重点，研究制定相对规范、科学合理的巡察工作基本程序、主要任务和方式方法，着力以正确的实践路径提升巡察工作质量，确保真巡察、真发现问题、发现真问题，让巡察制度真有效。

例如，浙江大学将内部巡察分为四个阶段，并明确每个阶段的时间节点、主要任务和具体内容。

一是准备阶段。巡察工作组向巡察办公室、纪委办公室(监察处)、党委组织部、人事处、审计处、信访办公室等部门了解被巡察单位领导班子及其成员的有关情况，拟订巡察工作计划，编制巡察工作手册，并进行专门的巡察业务培训。

二是实施阶段。巡察工作组进驻被巡察单位后，在一定范围内通报巡察工作任务，明确巡察工作要求，通过适当形式公布意见箱、联系方式等。工作组通过召开巡察工作动员会、列席党政联席会议和党委会议、开展问卷调查、组织个别谈话、召开各级各类座谈会、接收来信来访、实地走访相关单位、随堂听课、调阅档案材料、核查有关财务资料等方式，对内部巡察有关重点问题进行了深入了解，并对问题线索进行梳理。

三是报告阶段。巡察工作组在汇总、归纳、分析和梳理有关情况，形成巡察工作报告后，向巡察领导小组如实报告发现的问题，分析原因并提出意见建议。领导小组在听取汇报后，研究提出处理意见，向学校党委常委会汇报。经学校党委同意后，巡察工作组以谈话形式向被巡察单位主要负责人进行个别反馈，以会议形式向被巡察单位领导班子成员及一定范围反馈巡察情况。对巡察收到的有关信访件和问题线索，依据归口管理原则，报送有关部门办理。

四是整改阶段。被巡察单位在收到巡察工作组反馈意见之日起，1 个月内制定整改方案，通过巡察工作组报送领导小组同意后启动整改，启动 6 个月时报送整改落实进展情况，并强调被巡察单位要将整改情况在一定范围内公布，接受师生群众的监督。对敷衍了事、整改不力、拒不整改的，要抓住典型、严肃追责，让失责必问、问责必严成为常态。

### 4. 注重整改实效(巡察整改怎么做)

发现问题是巡视巡察工作的生命线，推动解决问题是巡视巡察工作的落脚点。政治巡察能否取得实效，发现问题是基础，解决问题和加强成果运用才是关键。高校党委要坚决贯彻落实习近平总书记强调的"分类处置、注重统筹，在件件有着落上集中发力"的要求，对巡察发现的问题和线索科学分类、及时移交，督促整改责任单位对被巡察问题即知即改、立行立改、全面整改，并按规定时限报告党组织整改情况和主要负责人组织落实整改工作履职情况，确保"件件有着落，事事有回音"。要强化巡察整改成果运用，要把巡察结果作为加强和改进被巡察单位党建工作、党风廉政建设以及完善内部管理的重要依据，并作为干部考核评价、选拔任用的重要依据。要特别重视举一反三，针对巡察发现的普遍性、倾向性问题，开展专项治理，健全制度规定，完善管理措施，形成长效机制。

5. 巡视巡察联动机制建设（巡察如何常态化）

高校要将上级巡视反馈及整改情况作为内部巡察的重点，积极争取上级巡视机构在政策指导、组织形式、工作流程、方式方法、成果运用等方面的支持，建立健全巡视巡察上下联动的工作机制，重点从领导机制、运行机制、工作体系、保障机制等方面着手，实现巡察工作制度化常态化，着力推进全面从严治党向基层延伸。联动机制要求巡察工作应从如下几个方面着力：

一是健全领导体制。高校党委巡察工作要自觉接受上级巡察工作领导小组的领导，建立高校巡察工作规划、年度计划等向上级报告制度；要定期向上一级汇报巡察工作情况，同时接受上级的监督考评。高校党委书记在听取巡视巡察汇报情况后要向上一级巡视机构报备。二是完善运行机制。高校要根据上级巡视工作总体计划统筹考虑内部巡察的时间、步骤和具体安排，要将上级巡视反馈及整改情况作为内部巡察的重点，同时要主动接受上级的巡视监督，确保巡视巡察各项工作有机联动。三是加强制度建设。按照中央"坚持实践探索在前、总结提炼在后"精神，高校要根据《中国共产党巡视工作条例》《关于市县党委建立巡察制度的意见》等，结合实践积极探索，建立"内容协调、程序严密、配套完备、有效管用"的制度体系。四是不断完善保障机制。高校要明确巡察办公室作为党委工作部门，配齐配强巡察人员，加大培训力度，提升巡察人员履职担当能力。上级巡视机构要加强对高校巡察人员的帮助指导，可通过"以干代训""上挂下派"等方式，帮助培养锻炼高校巡察人员。待条件成熟时，上级巡视机构可组织探索高校之间的交叉巡察或专题性交叉巡察等。

# 五、 高校巡察工作的主要观测点

发现问题是巡视巡察工作的生命线，推动解决问题是巡视巡察工作的落脚点。高校巡察工作聚焦"六个围绕、一个加强"，着力发现基层党的领导弱化、党的建设缺失、全面从严治党不力，党的观念淡漠、组织涣散、纪律松弛，管党治党宽松软等突出问题，并加强对上一轮巡视巡察整改情况的监督检查。

为了增强巡察工作的可操作性，笔者团队借鉴教育部巡视工作主要观测点，结合浙江大学内部巡察工作实践，梳理了高校巡察工作7个方面总共44个主要观测点(见表2)，并采用菜单式的方式，供高校根据学校实际和被巡察单位的特点，参考选择使用。

高校巡察工作主要观测点

表2

| 项目 | 重点检查内容 | 要点 | 观测点 |
|---|---|---|---|
| 围绕党的政治建设一条主线 | 维护党中央权威和集中统一领导情况 | 维护以习近平同志为核心的党中央权威和集中统一领导 | 1. 是否认真学习贯彻《关于加强维护党中央集中统一领导若干规定》。检查在研究制定政策、谋划推进工作，解决矛盾问题、选拔任用干部、发展党员等方面，是否坚持"四个意识"；在思想上政治上行动上自觉维护习近平总书记在党中央在全党的核心地位的落实情况 |
| | | | 2. 是否认真贯彻党章和《新形势下党内政治生活若干准则》。检查是否相应制定相应实施细则。检查是否存在相背之"七个有之"问题。严明政治纪律和政治规矩，是否存在自由主义、本位主义、宗派主义、圈子文化、码头文化，对党不忠诚不老实，搞"两面派"、做"两面人"以及破坏党内政治生态问题 |
| | | 坚持和加强党的全面领导 | 3. 党的领导和领导班子是否坚强有力，检查党委是否担负起全面领导的政治责任，是否承担起管党治党，党组织是否能够总揽全局，办学治校主体责任，在重大事项上是否敢于担当作为；检查领导班子是否存在战斗力 |
| | | | 4. 党委会会议、党政联席会议等各项会议规则，协调各方。检查党委成员构成及换届情况 |
| | | | 5. 是否完善党政联席会议制度。检查是否党委联系民主党派和无党派人士，做好群带建设，贯彻执行，落实效果等方面的情况 |
| | | | 6. 是否坚持民主集中制，检查会议中制制度建设情况。是否做到"四个服从"，一把手说了算的情况；决策程序和党政联席会议原始记录，是否存在违反议事规则，是否存在违反"三重一大"决策程序和党政联席会议记录 |
| | | 贯彻落实党的十九大精神和中央重大决策部署 | 7. 是否存在贯彻落实党的十九大精神和执行党的路线方针政策态度不鲜明立场不坚定问题。检查贯彻执行党的路线方针政策是否存在选择性执行问题，有没有搞下有政策对策，在执行党中央决策部署上做选择、搞变通的问题，浙江省教育工作会议方针政策落实情况。检查是否在办学理念，是否坚持社会主义办学方向，作风学风，是否落实立德树人根本任务，全面教授各个环节在本科生上育人为核心，检查思政课进教材进教学计划的情况，学科体系、教师队伍和专业课程建设情况、教学计划落实的情况，教师师德、学术不端等情况，党政主要领导干部和班子其他成员听取思想道德建设规范课情况，学术委员会学术委员组织建设落实情况，处理违反师德等）；检查下属单位落实工作的情况 |

42

| 项目 | 重点检查内容 | 要点 | 观 测 点 |
|---|---|---|---|
| 二、围绕党的思想建设 | 学习贯彻习近平新时代中国特色社会主义思想情况 | 深入学习贯彻习近平新时代中国特色社会主义思想 | 8. 是否把学习宣传贯彻党的十九大精神作为首要政治任务，深入学习领会习近平新时代中国特色社会主义思想和基本方略，检查是否第一时间组织学习传达党的十九大精神（通过检查党委组织中心组学习专题学习讨论情况，主题、内容、次数和成果）；检查领导班子成员特别是主要负责人带头学习。 |
| | | | 9. 是否落实《关于认真学习宣传贯彻党的十九大精神的通知》的要求，检查十九大精神研讨阐释情况，有无量身制订的理论学习计划，组织党员干部教师全覆盖，检查结合学校学科特点、进学科、进学术，检查是否有学习培训计划（从读本、进读本、进培训、进课程、进教材）。 |
| | | | 10. 是否把习近平新时代中国特色社会主义思想落实到"五进"工作中，推进"两学一做"学习教育常态化，检查"两学一做"工作成效等；检查是否存在理论学习教育方面了解。制度化工作载体、长效机制，落实推动事业发展上是否存在学科联系实际。制度化推进"两学一做"方案，建设、学科发展，年度工作要点，完善工作要点等方面。 |
| | 牢牢掌握党对意识形态工作的领导权 | | 11. 检查党委意识形态工作责任制落实情况，看党委是否落实主体责任。对照中共中央办公厅印发的《党委（党组）意识形态工作责任制实施办法》（中办发〔2015〕52号）和教育部党组印发的《教育部党组意识形态工作责任制实施细则》（教党〔2016〕3号）。 |
| | | | 12. 是否旗帜鲜明反对和抵制各种错误观点，意识形态阵地文化阵地是否做到守土有责、守土负责、守土尽责。检查对各类思想、学术沙龙等管理；检查教师跨境评聘是否把政治标准放在首位，重大敏感问题应对处理，引进人才的使用管理办法。 |
| | 贯彻落实全国高校思想政治工作会议精神 | | 13. 检查"思政课"后勤委是否落实具体实施意见、举措、成效。 |
| | | | 14. 检查高校思想政治理论课情况。院系党组织书记、院长（系主任）每学期为学生讲一次思想政治理论课的意见（中发〔2016〕31号）要求。 |
| | | | 15. 检查思想政治工作队伍和党务工作队伍建设情况，是否落实中共中央国务院关于加强和改进新形势下高校外籍教师和海外。 |

| 项目 | 重点检查内容 | 要点 | 观 测 点 |
|---|---|---|---|
| 三、围绕党的组织建设 | 选人用人和基层党组织建设情况 | 选人用人方面的问题 | 16. 坚持党管干部原则，突出政治标准，树立正确选人用人导向。检查是否制定科学规范的领导干部选拔任用工作制度和监督管理的长效机制 |
| | | | 17. 是否严格执行《党政领导干部选拔任用工作条例》，严格按照的干部工作原则、程序、纪律等办事。检查执行动议、民主推荐、考察、讨论决定、任职等环节，一报告两评议等制度；检查是否凡是必经、按规定征求纪委等相关部门意见，检查是否有超职数配备干部 |
| | | | 18. 选人用人是否存在不正之风。检查动议等环节是否存在"一把手说了算，任人唯亲、打招呼、进条子、班子成员任职等情况；检查是否存在"带病提拔"、跑官要官、档案造假、学历造假、拉票贿选等违反换届纪律的非组织行为 |
| | | | 19. 是否严格干部日常监督管理。领导干部个人有关事项报告（相关制度的实施细则等）是否存在干部出国出境、企业兼(任)职管理，个人有关事项是否如实报告，推 |
| | | | 20. 是否存在干部不担当，不作为问题。检查是否存在患得患失、爱惜羽毛的"老好人"，是否存在干事创业，但求无过的"太平官"等；检查是否存在在职不担当，上推下卸的"圆滑官"，推委扯皮、上推下卸的"圆滑官"等 |
| | 基层党组织建设方面的问题 | | 21. 党委是否履行党建主体责任。检查是否建立述职评议考核工作（会议记录、时间、参会、主题、内容等）；检查是否严格执行党政联席会议制度，是否定期开展党委中心组学习会(会议记录、时间、参会、主题、内容等) |
| | | | 22. 基层党组织是否发挥战斗堡垒作用。检查基层党组织是否发挥战斗堡垒机制；检查基层党组织书记是否按时换届，是否按规定开展组织生活和民主评议党员工作，检查是否按规定缴纳使用党费等 |
| | | | 23. 党员是否发挥先锋模范作用。检查党员发展各项制度，严把人口关(党员发展材料是否规范完善；检查党员信息库是否完备；检查失联党员是否及时处理；检查是否注重在优秀教师特别是优秀教师带头在党中发展党员 |

| 项目 | 重点检查内容 | 要点 | 观 测 点 |
|---|---|---|---|
| | | 落实中央八项规定精神 | 24. 是否认真执行中央八项规定和实施细则精神。检查是否及时修订落实中央八项规定精神的措施，接受群众监督；检查修订的落实措施是否执行到位，有没有"嘴上说说，墙上挂挂，挂就完事"的问题；检查领导班子成员是否带头转变作风，坚持身体力行，以上率下，发挥"头雁效应" |
| 四、围绕党的作风建设 | 整治"四风"问题情况 | "四风"方面突出问题 | 25. 是否存在享乐主义奢靡之风问题。检查是否存在领导班子成员薪酬过高和薪酬分配不合理的情况；检查是否存在违规兼职取酬情况；检查是否存在公车私用，滥发津贴补贴，违规乘坐交通工具，随意接放假，办公用房超标等情况；检查"三公"经费支出情况<br><br>26. 是否存在形式主义官僚主义问题。检查是否存在以会议贯彻会议，以文件贯彻文件，搞"材料美化"等形式主义问题；检查是否存在表态多调门高，行动少落实差，出台制度轻实效，重痕迹轻治理的问题；检查是否存在政治上说一套做一套的"两面人"的问题，回避问题、懒惰无为，不作为，不尽责，懒政怠政等问题 |
| | | 特权思想和特权现象 | 27. 检查领导班子成员是否做到严格约束自己，严格教育管理亲属和身边工作人员。检查领导干部亲友和身边工作人员是否求请特殊照顾，检查领导干部是否存在插手领导干部职权范围内的工作（如学术科研，带研究生，带研究生）；检查领导干部是否存在利用职权或影响谋取私利与民争利，（侵害群众利益等），薪级兑现，办公用房，福利分房等） |

| 项目 | 重点检查内容 | 要点 | 观　测　点 |
|---|---|---|---|
|  |  | 维护政治纪律和政治规矩 | 28. 党委是否旗帜鲜明讲政治，把政治纪律和政治规矩摆在首位。检查是否严肃党内政治生活、净化党内政治生态，发展积极健康的党内政治文化和校园文化等方面有具体举措，是否督促各级党组织和党员干部坚守政治忠诚、强化政治担当；检查是否选人用人等工作把好政治关；检查是否坚持原则、结党营私等言行和问题进行严肃斗争 |
| 五、围绕党规党纪的纪律建设 | 党规党纪执行情况 | 深化运用监督执纪"四种形态" | 29. 党委是否坚持运用监督执纪"四种形态"。检查是否坚持惩前毖后、治病救人方针，把纪律挺在前面，坚持纪严于法、纪在法前，抓早抓小、防微杜渐的情况；检查是否精准把握运用"四种形态"，科学分类处置，是否及时向学校党委、纪委报告重大事项，是否存在适用不当、尺度失准、畸轻畸重等问题 |
|  |  | 强化日常监督执纪 | 30. 党委是否坚持高标准、守底线，加强纪律教育、强化纪律执行。检查是否严格落实廉洁自律准则、党内监督条例、问责条例等；检查是否合实际开展违纪违法案件警示教育，用好反面教材，开展廉政文化建设，做到真管真严、敢管敢严、长管长严，违反纪律立即严肃处理，检查是否给发现苗头及时提醒纠正 |

| 项目 | 重点检查内容 | 要点 | 观 测 点 |
|---|---|---|---|
| 六、围绕取得反腐败斗争压倒性胜利 | 领导干部廉洁自律和整治群众身边腐败问题 | 领导干部廉洁自律和整治群众身边腐败问题 | 31. 是否紧盯重点人、重点事、重点问题，关键部位、关键环节，有没有利益输送，有没有腐败风险；检查是否存在利用招生违规收费、校办产业、国有资产、教材采购、物资采购、教材建设、国有资产管理、财务管理、项目管理、科研经费管理、招生、转学转专业等关键部位和重点环节是否存在腐败问题；重点环节是否存在监督缺失，有没有捞取学术荣誉、学术地位、学术权力谋取学术成果，有没有招投标、招生、科研经费管理、项目管理、财务管理 |
| | 落实全面从严治党"两个责任" | 落实全面从严治党"两个责任" | 32. 党委是否履行全面从严治党主体责任，班子成员履行"一岗双责"是否到位；管党治党是否严紧硬，还是宽松软，检查是不是层层实到责任，把管党治党实到科室所、基层党组织，检查党委是不是部署党风廉政工作有没有列入年度工作要点；检查有没有专题研究部署，党委常委会有没有听取相关专题汇报 |
| | | | 33. 二级纪委是否履行监督责任。检查是否坚持把纪律挺在前面，积极实践"四种形态"；检查是否存在能发现的问题没有发现，发现了问题不报告，不处置、不整改、不问责等情况；检查信访件收到多少、查办多少、了结多少等 |

_47

| 项目 | 重点检查内容 | 要点 | 观　测　点 |
|---|---|---|---|
| 七、加强对巡视整改情况的监督检查 | 对上级党委巡视整改相关问题落实情况的检查 | 责任主体 | 34. 政治态度是否坚定。检查是否存在口头接受、实际敷衍推诿而没有真改实改<br>35. 责任是否落实。检查党委是否落实整改主体责任，主要负责人是否扛起第一责任人责任，领导班子成员是否督促分管部门落实整改责任，有没有压力层层传导、责任层层压实 |
| | | 问题整改 | 36. 问题整改全不全。检查是否按照反馈意见和整改方案全面整改，是否做到逐条有整改，件件有着落，移交的问题线索是否认真处置<br>37. 问题整改实不实。检查是否简单以制定文件代替整改，做表面文章，搞变通、大事化小、小事化了；检查是否虚改虚报、敷衍组织<br>38. 问题整改好不好。检查是否推动事业改革发展，群众满不满意，有没有获得感 |
| | | 成果转化 | 39. 是否以巡视整改推动标本兼治。检查是否强化内部管理，扎紧制度笼子，建立长效机制<br>40. 是否以巡视整改促进工作作风转变、持续转变，党内政治生态是否全面转变向好<br>41. 是否以巡视整改引领风气转变。检查党员干部面貌是否焕然一新，党心民心是否为之一振 |
| | | 线索核查处置 | 42. 对违反中央八项规定精神和"四风"问题处置情况，检查是否快处、及时通报，检查是否严查严处、立制、治标治本<br>43. 对巡视移交反映党员干部问题线索办理情况，检查是否及时研究、做到"件件有着落，事事有交代"<br>44. 对巡视移交反映执行民主集中制、干部选拔任用等方面存在问题的办理情况，检查是否及时研究、认真核查，严格规范处理 |

# 巡视巡察上下联动背景下
# 高校巡察工作研究

同济大学纪委

吴利瑞　徐莹琳　郭定夫　张荣国

## 一、　巡视巡察上下联动背景概述

### （一）十九大提出建立巡视巡察上下联动的监督网

党的十九大着眼于推动党和国家事业长远发展，把"健全党和国家监督体系"作为新时代党的建设重大任务之一，明确提出"构建党统一指挥、全面覆盖、权威高效的监督体系"①。

党的十九大总结党的十八大以来中央巡视工作的成功实践，推动全面从严治党向纵深发展，指出"在市县党委建立巡察制

---

①　习近平．决胜全面建成小康社会　夺取新时代中国特色社会主义伟大胜利——在中国共产党第十九次全国代表大会上的报告［M］．北京：人民出版社，2017：68．

度，加大整治群众身边腐败问题力度"，对工作内容和方式也提出了明确要求，即"深化政治巡视，坚持发现问题、形成震慑不动摇，建立巡视巡察上下联动的监督网"。

在党的十九大召开前，中央修订《中国共产党巡视工作条例》，将巡视巡察一体化，意在形成全覆盖的立体监督网络格局，从一届任期内全面巡视的时间维度，从中央、中央单位、省(区、市)党委巡视到市县巡察的空间维度，对巡视巡察全覆盖作出明确规定，体现了监督无禁区、无盲点的要求。党的十九大新通过的党章修正案第十四条，也首次专列一条对巡视巡察工作进行了明确规定。

## (二)《中央巡视工作规划(2018—2022年)》对建立巡视巡察上下联动的监督网提出明确要求

《中央巡视工作规划(2018—2022年)》从4个方面，对建立巡视巡察上下联动监督网作出了部署。一是健全上下联动的领导体制；坚持和完善中央统一领导、分级负责的领导体制；完善党委(党组)书记听取巡视巡察汇报情况报备制度；建立巡视巡察工作规划、年度计划报备制度，下级巡视巡察机构定期向上一级巡视巡察机构报告工作制度；建立巡视巡察工作约谈制度、考核评价制度、责任追究制度，层层传导压力，层层落实责任。二是建立上下联动的工作机制。坚持一体谋划、一体部署、一体推进，做到全覆盖上下联动、专项巡视巡察上下联动、成果运用上下联动、巡视宣传上下联动、信息化建设上下联动，实现全国巡视巡察"一盘棋"。三是完善上下联动的制度体系。

坚持实践探索在前、总结提炼在后，完善中央巡视工作制度，指导省(自治区、直辖市)党委巡视机构建立完善配套工作制度，研究制定规范中央和国家机关、中央企业等巡视工作分类指导意见，推动市县党委贯彻《关于市县党委建立巡察制度的意见》，制定实施细则，着眼上下联动，构建内容协调、程序严密、配套完备、有效管用的巡视巡察制度体系。四是强化上下联动的组织保障。各级党委(党组)要切实担负起巡视巡察工作主体责任，严格落实党章和巡视工作条例等有关规定要求，建立健全巡视巡察机构，明确巡视巡察办公室作为党委(党组)工作部门。配齐配强相应专职人员，充实工作力量。加大培训力度，通过"以干代训""上挂下派"等方式，提高巡视巡察干部履职能力。[1]

## (三)建立巡视巡察上下联动的监督网的现实意义

建立巡视巡察上下联动的监督网是深化政治巡视的必然要求。自十九届中央纪委二次全会召开以来，各级巡视机构能够按照二次全会关于"以政治建设为统领深化政治巡视，紧盯被巡视党组织政治立场和政治生态，重点检查党章执行和党的十九大精神贯彻落实情况"的要求，深入被巡视党组织开展政治巡视，各市县党委则深入基层，对照巡视要求开展政治巡察。深化政治巡视，做好政治巡察，就必须建立横向到边、纵向到底、通盘全国上下的巡视巡察监督体系。

---

[1] "更加坚定了'四个自信'"——纪检监察系统学习《习近平谈治国理政》第二卷综述[N].中国纪检监察报,2018-02-28.

建立巡视巡察上下联动的监督网是发现问题的有效途径。发现问题是巡视巡察工作的生命线，党的十八大以来，各轮巡视都在巡视过程中有效发现问题，被巡视单位也针对发现的问题进行整改。各市县开展巡察工作，将发现问题贯彻于巡察之全过程。建立巡视巡察上下联动的监督网，能够使发现问题的方式从原来的单打独斗，发展成"由粗到细、由浅到深、由表到里、由点到面"的合力监督，并使之成为坚持发现问题的有效途径。

建立巡视巡察上下联动的监督网是形成震慑不动摇的重要举措。党的十九大着眼于推动党和国家事业长远发展，把"健全党和国家监督体系"作为新时代党的建设重大任务之一，明确提出"构建党统一指挥、全面覆盖、权威高效的监督体系"①，建立巡视巡察上下联动的监督网健全了党内监督体系，是实现党内监督常态化制度化的重要举措。通过巡视巡察上下联动，广大党员能知敬畏、守底线，最终习惯在监督和约束中工作生活。

# 二、 高校巡察工作现状

## (一) 十八大前已开展情况

2006 年 10 月，教育部党组印发《关于开展直属高校巡视工作的意见》。2007 年 10 月，党的十七大对党章进行修订，将十

---

① 习近平. 决胜全面建成小康社会 夺取新时代中国特色社会主义伟大胜利——在中国共产党第十九次全国代表大会上的报告[M]. 北京：人民出版社，2017：68.

七大前中央巡视积累的相关成果写进党章，明确"党的中央和省、自治区、直辖市委员会实行巡视制度"①。之后，少数高校就开展了巡视工作的探索，如厦门大学、中南大学、河海大学分别在 2008 年、2011 年开展了校内巡视工作，但限于当时对巡视工作的认识，主要着眼于巡视某一方面以推动事业发展来展开，如厦门大学曾围绕换届调整，中南大学曾围绕学科建设，河海大学围绕单位的科学发展进行巡视。

## (二)十八大至中央巡视中管高校之前开展情况

2014 年中央巡视组对复旦大学党委进行巡视，之后该校党委参照中央巡视的要求建立了校内巡查制度，同年华南理工大学也建立了校内巡视制度。之后，浙江大学、山东大学、河北大学、兰州大学、广西师范大学等高校相继开展了巡视、巡察工作。这些高校中，复旦大学是开展得比较早的高校，目前已完成了多轮校内巡察工作。但限于对巡视、巡察工作的认识，一开始主要聚焦于学科发展、学院发展等方面来开展工作，未能完全体现政治巡视的要求，也未聚焦坚持党的领导、加强党的建设和全面从严治党，2017 年后逐步调整了巡察重点。

## (三)中央巡视中管高校以后开展情况

2017 年 2 月，中央对 29 所高校开展专项巡视，在巡视期间，兰州大学启动了校内巡察工作。之后，据不完全统计，中

---

① 中共中央文献研究室. 十七大以来重要文献选编(上)[M]. 北京：中央文献出版社，2009：47.

国农业大学、厦门大学、山东大学、吉林大学、浙江大学、西安交通大学和同济大学等高校也修订或制定了校内巡察办法，开始了巡察工作。除此以外，不少非中管高校也陆续开展了巡察工作。

# 三、 高校巡察工作的意义

## (一)贯彻"两个维护"的政治要求

习近平总书记在全国高校思想政治工作会议上强调，我们的高校是党领导下的高校，是中国特色社会主义高校。高校必须在政治立场、政治方向、政治原则、政治道路上同以习近平同志为核心的党中央保持高度一致。通过深化政治巡视巡察，推动高校各级党组织、党员干部以及广大师生不断增强对习近平总书记核心地位的政治认同、思想认同、情感认同，自觉在思想上、政治上、行动上同以习近平同志为核心的党中央保持高度一致，全力维护党中央权威和集中统一领导，切实把"两个维护"作为根本政治任务一以贯之。

## (二)落实中央巡视整改的必然选择

党的十九大前，十八届中央第十二轮巡视对中管 29 所高校党委进行了专项巡视，发现各高校均存在"四个意识"不够强、党的领导弱化、党的建设缺失和全面从严治党不力等方面的问题。

高校存在这些问题，既有学校党委的责任，也有二级学院党委的责任。仔细对比29所高校巡视反馈意见中关于党建方面问题的通报，其中24所高校被明确指出存在基层党建薄弱的问题，占被巡视高校的83%；另外5所高校党委中，2所高校"党建工作薄弱"，1所高校"党的建设存在薄弱环节"且"对基层党组织建设指导不力"，1所"党建工作存在薄弱环节"，1所"党的建设虚化弱化问题比较突出"，这说明高校基层党建薄弱是一个普遍问题。①

中央巡视后，所有高校党委均认真进行了整改，并将整改结果向社会公布。中央巡视主要针对学校党委，抓住校领导班子成员这个"关键少数"；学校党委巡视二级学院党委，既要针对二级学院党委，又要抓住二级学院班子成员，因为学校的办学基本单位是各二级学院，学校党委必须通过学院党委落实管党治党、办学治校的责任，贯彻党的教育方针政策，完成立德树人的根本任务。可以说，二级党委能否有效发挥作用，事关高校能否切实落实党的领导。如何保证几十个二级学院党委、几百个基层党支部发挥作用，需要借鉴中央巡视的成功实践，对所有二级学院党委也进行必要的巡察。

## （三）加快建设世界一流大学的内在要求

2015年10月，国务院公布了《统筹推进世界一流大学和一

---

① 中央纪委.十八届中央第十二轮巡视反馈情况专栏[A/OL].[2018-01-02]. http://www.ccdi.gov.cn/toutu/201706/t20170611_128336. html.

流学科建设总体方案》。2017年9月，教育部等三部委印发了《关于公布世界一流大学和一流学科建设高校及建设学科名单的通知》。2018年8月，教育部等三部委又印发了《关于高等学校加快"双一流"建设的指导意见》。党的十九大明确了高等教育发展方向："加快一流大学和一流学科建设，实现高等教育内涵式发展。"①

建设一流大学必须建设一流学科，建设一流学科必须由具体的二级学院去实施。在建设过程中，必须牢记党的领导是中国高校的最大特点和最大优势，必须有效发挥二级学院党组织的作用，绝不能将加强党的领导和建设一流大学一流学科割裂开来。如何加强党的领导，建设两个"一流"，需要通过巡察，督促二级学院党委加强自身建设，发挥政治核心作用，进而建设一流学科，最终建成具有中国特色的世界一流大学。

## (四)建立巡视巡察上下联动的监督网

完善党内监督体系，营造风清气正的校园政治生态环境，是今后一段时期所有高校党委必须解决的问题。要解决这些问题，必须建立长效机制。建立巡视巡察上下联动的监督网是完善党内监督体系、推动全面从严治党向纵深发展的重要抓手，也是各级党委(党组)和巡视巡察机构的共同政治责任。因此，建立高校党委对学校二级党组织的校内巡察制度不仅是完善高

---

① 习近平. 决胜全面建成小康社会 夺取新时代中国特色社会主义伟大胜利——在中国共产党第十九次全国代表大会上的报告[M]. 北京：人民出版社，2017：46.

校党内监督体系，营造风清气正的校园政治生态环境长效机制，也是落实十九大对巡视巡察工作部署的必然要求。通过对二级党组织的巡察，督促二级党组织坚持党的领导、加强党的建设、落实全面从严治党的要求，可有效在校内完善党内监督体系，推动全面从严治党在校内向纵深发展。

## 同济大学开展巡察工作的情况

为深入贯彻落实党的十九大关于巡视巡察工作的精神，根据十九大对推进全面从严治党工作的部署，同济大学党委于 2017 年 11 月至 2018 年 5 月开展并完成了巡察试点工作。2018 年 9 月，为落实学校第十一次党代会关于一届任期内实现校内巡察全覆盖的目标，学校党委启动 2018 年巡察工作。这是十九大后该校党委加强党的政治建设、深入推进全面从严治党工作的重大举措，也是完善党内监督体系建设的重要手段，不松劲、不停步、再出发，在学校推动全面从严治党向学院党委纵深发展。

一、2017 年同济大学开展巡察试点工作情况

2017 年 7 月，同济大学党委在落实中央巡视整改工作过程中，制定了《中共同济大学委员会巡察工作办法（试行）》，落实全面从严治党要求，严肃党内政治生活，净化党内生态，加强党内监督，推动全面从严治党向基层延伸。2017 年 9 月，经过党委常委会讨论决定，组建了两个巡察组，对艺术与传媒学院党委和数学科学学院党委进行巡察。

巡察组于 2017 年 11 月 17 日分别进驻两个学院。两周的驻点期间，共进行个别谈话 139 人次，发放调查问卷 190 份，列席会议 8 场，召开座谈会 4 场，并通过听取专题报告、受理信访、调阅资料、实地查访等方式，指出 2 家单位在党的领导、党的建设、全面从严治党等方面问题 51 条，提出整改意见 43 条。巡察组于 2018 年 1 月 24 日分别举行了巡察情况反馈会。会后，两个试点单位启动整改工作。新学期开学伊始，两个学院提交了学院党委多次研究后制定的整改方案，学校巡察办于 2018 年 4 月下旬对两个学院的整改情况进行了中期检查，并向学校党委常委会进行了专题汇报。2018 年 5 月下旬，两个学院对整改工作进行了全面总结，提交了《整改情况报告》。

1. 同济大学开展巡察试点工作相关制度

通过深入开展调研、召开学院、直属单位等二级党委和纪委负责同志座谈会等方式，首先明确了校内巡察"巡谁、谁巡、巡什么、怎么巡"等几个重要问题，于 2017 年 7 月颁布了《中共同济大学委员会巡察工作办法(试行)》和《中共同济大学委员会巡察工作规程》等文件，研究并编制了《中共同济大学委员会 2017 年巡察工作调查问卷》《被巡察单位提供材料清单》《中共同济大学委员会巡察工作内容及巡察重点》等一系列附件。

2. 同济大学开展巡察试点工作的机构和人员组成

《中共同济大学委员会巡察工作办法(试行)》规定：学校党委设立巡察工作办公室(简称巡察办)。巡察办设在学校纪律检查委员会，由学校纪委书记任主任，组织部长和纪委副书记任副主任，党委办公室、纪委办公室、党委组织部、党委宣传部等部门负责同志为成员。

校党委设立巡察组，承担巡察任务。巡察组向学校党委负责并报告工作。巡察组设组长、副组长、巡察员，每组6~8人。巡察组实行组长负责制，副组长协助组长开展工作。组长由学校党委指定并授权，一般由正处级干部担任，实行一次一授权。成员根据巡察需要从职能部门、基层单位、退休老同志中选调。巡察组成员应理想信念坚定、敢于坚持原则、熟悉党务工作、遵守党的纪律、身体健康。学校从学院选调两名经验丰富并有校机关工作的学院党委书记担任组长，从学校纪委、宣传、组织部门以及学院的党委副书记、学工部门的校后备干部中选调人员，组成了精干高效有力的巡察队伍。

3. 巡察范围和内容

(1)巡察对象和范围为二级单位党组织领导班子及其成员。

(2)巡察组对巡察对象执行党章和其他党内法规，遵守党的纪律，落实全面从严治党主体责任和监督责任等情况进行监督，着力发现党的领导弱化、党的建设缺失、全面从严治党不力，党的观念淡漠、组织涣散、纪律松弛，管党治党宽松软等问题。

巡察组对每个单位的巡察时间一般为2周，可视具体情况适当延长。

4. 工作方法和程序

巡察工作主要采取听取专题报告、个别谈话、问卷调查、受理信访、调阅资料、实地查访以及召开座谈会、列席有关会议等方法进行。巡察组不干预被巡察单位的日常工作；不查办被巡察单位的具体案件；对被巡察单位的工作及发现的问题，不随意表态，特别是不作个人表态；不隐瞒巡察中了解的重要情况；不扩散巡察中了解的情况和有关会议、文件、资料、谈话内容等；不用非巡察办提供的电脑、U盘、笔记本记录和处理巡察工作内容；不向被巡察单位提任何个人要求，不接受被巡察单位的礼品、宴请等。

工作程序如下：

(1)准备工作。巡察组向纪委办公室、党委组织部、党委宣传部、党委办公室、校长办公室、财务处、审计处等部门了解被巡察单位领导班子及其成员的有关情况后组织人员培训交流，拟定巡察工作方案。

(2)具体实施。巡察组按照规定的工作方式和权限对被巡察单位开展巡察工作。

(3)撰写报告。巡察组形成巡察工作报告，如实报告了解到的重要情况和问题，分析原因并提出处理建议。

(4)专题汇报。巡察结束后，巡察组及时向学校党委进行专题汇报。

(5)反馈整改。经学校党委同意后，巡察组以谈话、会议等形式向被巡察单位党组织主要负责人或领导班子进行反馈。对巡察结果和有关线索，依据归口管理的原则，移交有关部门处理。

(6)督促落实。被巡察单位须在收到巡察组反馈意见后2周内制定整改方案，报送学校党委同意后整改，并在2个月内报送整改落实进展情况，并将整改情况在一定范围内公布。

根据需要，巡察组可对被巡察单位的整改落实情况开展回访，对整改工作进行督促落实。

5. 纪律和责任

《中共同济大学委员会巡察工作办法(试行)》规定：(1)巡察组应当严格执行请示报告制度，对巡察工作中的重要情况和重大问题要及时请示报告。(2)巡察工作人员要认真履行职责，广泛听取意见，客观公正地了解情况和问题；要严格遵守保密纪律，严格遵守法律法规和廉洁自律规定。(3)巡察组成员违反巡察工作纪律的，视情节轻重，给予批评教育、组织处理或者纪律处分。(4)被巡察单位党组织领导班子及其成员应当自觉接受巡察监督，积极配合巡察组开展工作。广大党员干部及师生要支持巡察组的工作，如实向巡察组反映情况。(5)对于在巡察中发现问题拒不整改的或整改不及时、整改措施落实不到位的单位，按照《中国共产党问责条例》，对该党组织和党员领导干部进行责任追究。对于巡察中发现的有关违纪违规行为，按照有关规定给予严肃处理；涉嫌犯罪的，移送司法机关依法处理。

二、针对试点单位的巡察工作开展情况

1. 试点单位选择

试点单位选择的原则有：

(1)兼顾规模、学科和校区；

(2)党政班子齐全；

(3)2017年中央巡视时曾发现问题或近年来信访反映较多的单位。

2. 通过巡察发现的问题

经过巡察，发现两家单位主要在党的领导、党的建设、全面从严治党等方面存在的一些问题51条，提出整改意见43条。

存在的主要问题有："四个意识"不强，贯彻落实中央精神和学校党委部署不到位，贯彻高校思想政治工作会议精神不到位，与"立德树人"的要求有差距；学院管理存在短板，制度建设有待加强；党建工作不严不实，对基层支部建设指导不力，党支部"三会一课"制度落实不力；"两个责任"履行不到位，党风廉政建设还需加强；重点领域监督不到位，存在风险隐患。

3. 试点单位整改落实情况

在学校召开了巡察情况反馈会后，两个试点单位立即启动整改工作，并于1个月后提交了学院党委多次研究后制定的整改方案，针对学校《反馈报告》中指出的问题，逐条制定整改措施。如：《中共同济大学数学科学学院委员会巡察整改方案》拟定的整改事项分为三大方面，包括12项整改任务，并具体拟定了50项整改措施；《艺术与传媒学院党委巡察整改方案》拟定的整改事项分为三大方面，包括23项整改任务、50项整改措施、100项整改条目。

自巡察组反馈意见以来，数学科学学院党委先后召开2次党委扩大会、2次党委会、4次党政联席会、1次专题民主生活会，及时研究制定整改方案，解决整改工作中的重大事项、关键环节和突出问题，推动整改工作深入开展。

为推进整改工作做实做细，学校巡察办于2018年4月下旬分别对数学科学学院党委和艺术与传媒学院党委落实巡察整改的工作情况开展了检查，主要通过听取学院党委整改进展情况汇报以及对部分党员干部开展个别访谈的形式进行，重点了解巡察整改的进展和成效。通过中期检查，可以看出，两个试点单位党委都高度重视巡察整改工作，制定了详细的整改方案，明确了各项任务的责任人和时间表，做到了"时间过大半、任务也完成大半"。访谈中大家普遍对巡察工作给予了肯定，认为巡察有效提升了干部和党员的思想认识，促进了各项工作的规范开展。通过巡察和巡察后的整改，学院党的领导逐步加强，支部的组织生活进一步规范，但个别重点难点工作还有待大力推进。如，截至2018年5月9日，数学科学学院的50项整改措施中已完成42项，已取得阶段性成果并持续推进的有8项，主要是一些需要长期建设或已计划在后期落实的工作，学院党委将继续深入推进。在巡察整改期间，数学科学学院新制定或修订相关制度15项。艺术与传媒学院的100项整改条目中已完成92项；取得阶段性成果还需继续推进的有8

项，主要是长效机制方面的内容，学院党委将继续深入推进；在巡察整改期间，艺术与传媒学院新制定或修订相关制度37项，正在修改即将发文8项；专题约谈20人，批评教育4人，通报批评1人。

学校巡察办在对整改情况进行中期检查后，向学校党委常委会进行了专题汇报。2018年5月下旬，两个学院对整改工作进行了全面总结并提交了《整改情况报告》。

三、试点巡察工作总结

略。

四、2018年同济大学开展巡察工作情况

1. 巡察机构及制度完善

2018年9月，学校成立巡察工作领导小组，组长由学校党委书记和校长担任，副组长由学校纪委书记、分管组织工作的学校党委副书记、分管宣传工作的学校党委副书记担任，成员由学校党委组织部部长、党委宣传部部长、党委办公室主任、纪委副书记、纪委办公室主任、党委教师工作部部长、党委学生(研究生)工作部部长等组成。领导小组下设学校党委巡察工作办公室。巡察办主任由学校纪委副书记兼任。学校结合实际制定了《中共同济大学委员会巡察工作规划(2018—2022年)》，并对巡察工作办法和巡察工作规程进行了修订。

2. 巡察工作开展情况

在2017年巡察试点工作的基础上，学校党委成立4个巡察组，对4个学院党委开展巡察。巡察组进驻学院前，学校召开巡察工作动员会，要求各巡察组要牢牢把握新时代巡视巡察工作的政治定位，从政治高度认识巡察工作，按照政治巡察的要求，以问题为导向，紧扣学院特点，紧盯学院党委和班子成员，按照"六个围绕、一个加强"的要求，以政治建设为统领，深入细致做好此次巡察工作。目前，4个巡察组均已进驻学院开展巡察工作。

# 四、 高校巡察工作存在的主要问题

## (一)少数高校对巡察工作重要性认识不足

党的十八大以来，党中央把建立巡察制度作为全面从严治党向基层延伸的重大创新举措，在《中国共产党党内监督条例》和《中国共产党巡视工作条例》中均对巡察工作做出了明确规定。有的高校没有把巡察放在贯彻落实中央教育方针、落实坚持社会主义办学方向的高度来认识，对巡察工作持观望等待态度。有的高校党委高度重视巡察工作，但被巡察单位对巡察工作认识不足，不是从有利于本单位推动改革、促进发展角度认识巡察的意义，而是怕被查出问题，配合不积极。

## (二)巡察工作体制机制还不够完善

省级以上及教育部的巡视机构都设有巡视工作领导小组和巡视办公室，巡视工作办公室有单独的人员编制、经费保障，但有些高校直接在党委会领导下开展巡察工作，并没有设巡察工作领导小组。开展巡察工作的高校基本设立了巡察工作办公室，但办公室的成员基本上是由党务部门主要负责同志组成，有的虽明确单独人员编制但人员并未到位，有的甚至还未明确单独人员编制，巡察前期准备工作和日常组织协调工作主要由纪委办公室人员负责。

## （三）巡察工作职能定位还不够清晰

《中国共产党巡视工作条例》明确了巡视工作十六字方针，即"发现问题、形成震慑，推动改革、促进发展"。但有的高校在开展巡察工作时没有很好地理解方针的含义，往往只强调发现问题，为了发现问题而发现问题，对发现的党建方面的问题、教学科研管理方面的问题和其他业务问题等，没有从政治高度分析研判，更没有很好地推动解决问题。还有，巡察不同程度地存在任务宽泛、职能发散等问题，一些巡察组成为业务工作"检查组"和推进专项工作的"督导组"。

## （四）巡察工作队伍还比较薄弱

高校巡察队伍基本上是从职能部门或学院临时抽调人员，包括巡察组长和副组长等很多同志未接触过巡察相关工作。巡察是一项政治性、政策性和专业性很强的工作，这就要求巡察队伍具备丰富的管理经验、较强的党性修养，若缺乏相关的业务知识，也未经过系统性、规范性的培训，则无法提升发现问题和从政治角度分析研判问题等方面的能力。校内巡察面对的是熟人社会，开展工作时会有各种各样的顾虑，如怕得罪人不敢担当，影响了巡察工作成效。

# 五、 高校巡察工作路径探索

## (一)提高政治站位，充分认识巡察工作的重要性

党的十九大报告提出，要建立巡视巡察上下联动的监督网。巡察是巡视工作在基层的延伸，是党内监督在基层全覆盖的重要途径，是推动全面从严治党向纵深发展的必然要求。深入推进高校党委的巡察工作，切实加强对基层党组织和党员干部的监督，推动全面从严治党向纵深发展，打通党内监督"最后一公里"，对于营造风清气正的校园氛围，实现学校立德树人的根本任务具有坚强的政治保障作用，对于增强党的执政能力、厚植党的执政基础、巩固党的执政地位，具有重要的现实意义和深远历史意义。

## (二)履行主体责任，建立完善领导体制和工作机制

学校党委承担着高校巡察工作的主体责任，因此学校党委要强化巡察工作谋划部署，成立党委巡察工作领导小组，设立巡察工作办公室等机构，研究制订工作计划，领导开展巡察工作；要及时听取巡察情况汇报，研究成果运用，对重点人、重点事、重点问题要提出明确的处置意见；要层层传导压力，把管党治党的责任向基层传递，向基层压实，发挥组织、宣传、

财务、审计、信访等职能部门的作用，发动被巡察党组织和群众参与巡察工作，构建党委统一领导、巡察办组织协调、职能部门密切配合、被巡察单位和群众积极参与的领导体制和工作机制。

## （三）找准职能定位，提高巡察工作的针对性和有效性

巡察不是一般的业务检查，而是全面政治体检。巡察要突出问题导向，巡察的重点要聚焦到坚持党的领导、加强党的建设和全面从严治党要求上；检查基层党组织政治核心作用是否发挥，政治生活是否严肃，党组织是否健全；着力发现基层党的领导弱化党的建设缺失全面从严治党不力，党的观念淡漠、组织涣散、纪律松弛、管党治党宽松软等突出问题，推动基层党组织加强政治建设。要结合学校的特点和实际，提高巡察工作的针对性和有效性，如贯彻落实中央教育方针问题，落实立德树人根本任务问题，意识形态阵地管理问题等，以确保巡察工作取得实效。

## （四）完善制度流程，严格依规依纪开展巡察工作

巡察工作是政治巡察，具有很强的政治性、政策性、纪律性，应严格按照党内法规规定的方式和权限，严格依规依纪开展巡察监督。学校党委要以党章、巡视工作条例和党内监督条例为基本依据，按照教育部党组要求，结合学校实际，完善巡察工作规划、巡察工作办法、巡察工作规程等制度，规范巡察工作程序；学会在制度约束下开展工作，不干预被巡察单位的

正常工作，不履行执纪审查职责，不参与处理具体问题，不做个人表态，做到不缺位、不越位、不错位。

## （五）加强巡察队伍建设，打造忠诚干净担当的巡察铁军

习近平总书记指出，要发挥巡视巡察的熔炉作用，把巡视巡察岗位作为发现培养锻炼干部的重要平台，选拔那些优秀的干部和后备干部到巡视巡察岗位锻炼，在使用中培养。中央提出巡视巡察干部的五个过硬：信念过硬、政治过硬、责任过硬、能力过硬、作风过硬。学校组织部门要按照中央选用巡视巡察干部标准，把党性强、专业精、作风硬、勇担当的同志选配到巡察组，巡察办公室要组织好对巡察干部的教育培训，开展研讨交流，强化政治理论学习，抓好业务知识培训，使巡察干部不断提高政治站位，不断提升巡察工作的理论水平和业务能力。

巡察工作是高校推进全面从严治党向基层延伸、向纵深发展的有力抓手，通过巡察学校在管党治党方面在取得了一定的成效，积累了一定工作经验，学校政治生态形成了向善向好态势；但由于巡察工作对于大多数高校而言还处在摸索阶段，有的还没有形成科学的领导体制和工作机制，制度程序还不够完善，巡察成果运用还不充分，巡察干部队伍建设还不够坚强有力。为进一步做好巡察工作，高校要结合自身特点，多总结，高校之间多交流借鉴，更重要的是上级部门应加强对高校巡察工作的指导，多组织一些巡察工作业务培训，出台有关指导性意见，以便于开展工作时更加规范、更加有效。

# 高校建立健全"不能腐"的
# 体制机制研究

武汉理工大学纪委

李进宏　朱朝霞　韦　宇　闫　岩

# 一、引　言

　　腐败是一种历史现象，它不是天然就存在的，也不会永远存在下去。作为一种世界性痼疾，从本质上说，腐败与人内心的欲望有关，贪欲是腐败产生的最重要原因。在漫漫历史长河中，腐败一直都以其特有的形式影响着人类社会发展，并随着经济、科技的发展出现新形式、新动态。2018 年 2 月 21 日，透明国际组织公布的《2017 年全球清廉指数报告》指出，全球有超过三分之二的国家和地区的清廉指数低于 50，平均指数为 43；也就是说，在过去的一年里，全世界超过三分之二的国家和地区承受着高腐败负担，面临着严峻的腐败问题。世界经济论坛报告提出，"腐败将在未来的时间里成为全世界共同面临的最大挑战"①。治理腐败的关键在于立足问题产生的根源，积极建构"不能腐"的体制机制。中国改革开放30年以来，一直高度重视、积极探索反腐败体制机制建设路径，特别是党的十八大以来，以习近平同志为核心的党中央始终把"不能腐"的体制机制作为防腐治腐的重要举措，历经数年全面从严治党波澜壮阔的历程，"不敢腐的目标初步实现，不能腐的笼子扎越牢，不想腐的堤坝正在构筑，反腐败斗争压倒性态势已经形成并巩固发展"，体现了我国反腐败斗争在动态发展过程中已经进入新的阶段。高校是先进文化的"桥头堡"，承载着引领先进文化、实施科教兴国和人才强国战略的重大使命，在历史和现实的双重维度下，尊重发展规律，客观认识当前形势，积极构建"不能腐"体制机制框架，加强对权力运行的制约与监督，推进高校内涵式发展的实现，防范办学治校过程中的潜在风险等，具有重要的战略意义与实践价值。

## 二、 相关数据分析

1998 年出台的《中华人民共和国高等教育法》确立高校独立法人地位后，高校发展驶入快车道，在人才培养、科技创新和提升全社会教育水平等方面作出了突出贡献。特别是党的十八大以来，各高校认真落实中央关于反腐倡廉的路线方针政策，

① 葛平. 腐败根源在于权力滥用不在政治体制[EB/OL]. [2015-02-25]. 人民网，http://theory.people.com.cn/n/2015/0424/c143844-26897067.html.

结合实际制定实施了一大批制度和措施，不断向前推进防腐治腐体制机制建设，取得了有目共睹的成效，为高校各项事业的发展提供了有力保障。但是我们也清醒地看到，随着国家对高校经费投入力度的加大以及高校体制机制改革的深化发展，学术腐败、科研腐败、基建腐败、招生腐败等违规违纪案例仍常见诸各类媒体，引发了社会的极大关注和广泛不适。在2012年11月党的十八大召开至2017年12月间，经中央纪委网站纪律审查栏目公开披露和报道的高校腐败案例就有162起。通过梳理分析这162起案例样本，可以清晰看出其中的共性风险特征。

(1)涉案人员年龄偏大。162起高校腐败案件中，可以获知涉案人员年龄信息的样本数为147起。据统计，案发时涉案人员中年龄最大的66岁，年龄最小的44岁，平均年龄56.96岁。其中，50岁以下有仅9人，占比6.12%；50~60岁(含)有96人，占比65.31%；60岁以上有42人，占比28.57%。由此可知，高校涉案人员的年龄层次主要集中在50~60岁，占了6成半以上的比例(见图1)。

(2)涉案人员主要是领导干部。在162起样本中，涉案人员担任学校正职的有99人，占比61.11%，任学校副职的有60人，占比37.04%，其他的仅为4人。从中我们不难发现，高校腐败案的主体大多是单位主要负责人(见图2)。

究其原因，主要有两个方面：一是单位主要负责人掌握学校党务、行政、人事、财政等核心权力，可支配资源多，权力可寻租机会也多，腐败成本相对较低；二是相对于普通教师和一般干部，主官的廉政风险更大，易致腐的面更广，被查出的几率也相对较高，案发后造成的社会影响和危害也更为严重。

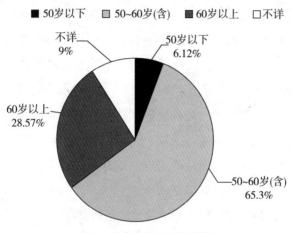

图1　涉案人员年龄统计图

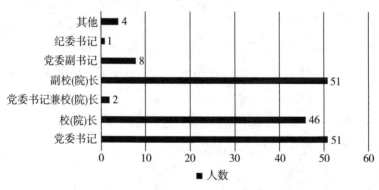

图2　涉案人员的职务统计图

(3)从涉案领域来看，从2013年至2018年，高校腐败案件的案发频率有一个从低走高后又从高向低的过程，如 2013 年有 18 件、2014 年有 40 件、2015 年有 39 件、2016 年有 20 件、2017 年有 22 件、2018 年有 23 件，呈曲线波动。涉案领域也主要体现在：2013—2015 年主要分布于基建、后勤和招标等涉人财物领域，2015 年以后偏向科研经费、违反中央八项规定精神和六大纪律等方面。为保证样本的全面性和客观性，本文将 162 起案件中一人腐败行为涉及的多个领域都统计在内。

从以上数据可知，高校腐败案件涉案领域相对集中，主要原因在于，基建、招生、人事、科研经费等领域利益、资源相对集中，是容易滋生腐败的重点领域和关键环节，故而成为高校腐败行为的重灾区和高发地带。

（4）从涉嫌罪名看，发生在高校的系列腐败案件，其涉案违法违纪人员有许多共性特征。比如，主要都集中在受贿贪污等以权谋私、以职牟利、权钱交易、失职渎职等方面，都涉及对外交往、经济犯罪，都与职务、权力关联紧密。主要原因在于，高校作为独立的法人主体，掌握一定的学术、教育、财经等方面的优质资源，存在权力寻租的空间。如在科研经费领域，存在科研人员通过虚构支出等不法手段套取科研经费的现象。又如，在基建工程招投标和验收过程中，有领导干部利用职务便利进行暗箱操作，从中收受或者索要贿赂，存在为自己谋取私利的现象。

# 三、 高校腐败案例的共性因素

从 162 起高校腐败样本案例的数据分析，我们可以大致管窥当前高校腐败主要涉及四种因素：人、权力、制度和环境。高校腐败的发生，也大多与理想信念松弛、权责不清、制度体系不健全或执行不力有着密切关系。

## （一）受腐朽思想侵蚀，理想信念动摇

一方面，作为先进文化的聚焦地，高校也无法完全摆脱"官本位"等不良历史文化现象的影响，一些领导干部热衷于追名逐利，希图通过当官光宗耀祖、显赫门第。另一方面，随着对外开放的日益扩大，作为思想前沿的高校又受到西方腐朽思想冲击，一些党员干部把获取金钱视为生活最高原则，把享乐作为人生追求，为满足个人利益不惜权钱交易、损公肥私。再加在由于前些年对干部的教育和管理失之于宽，导致一些党员干部缺乏对建设中国特色社会主义的道路自信，思想认知上产生偏差，权力观、价值观、人生观发生错位，主观上放松了对自己的要求，被眼前的利益蒙蔽了双眼，忘记了自己的角色和责任担当，最终任心中的贪欲越过纪律的红线。

## （二）制度建设尚存"空白地带"，执行力亟待加强，集成效应未充分发挥

制度要在变化中不断加以健全和完善。当前我国高等教育正处于高速发展和深层变革时期，大量的新情况、新问题不断出现，应及时制定合理的制度加以管理、规范。就目前情况来看，高校的预防腐败机制仍不够健全，相关制度仍不够完善；一些重点领域和关键环节的问题由来已久，但解决问题的制度规定却还没有，或者是有制度但内容滞后，一些"超期服役"的

规章制度还在修修补补地运用，跟不上形势发展的需要，无法解决新形势下的新问题。

从制度的执行来看，保障制度执行的程序性规范较为匮乏。近年来，随着反腐败斗争形势的深入推进，各高校先后出台了系列制度，但是制度的执行情况却与预期结果间存在偏差。比如，干部收入申报制度和考核制度本是预防腐败的很好的制度，然而这些年来的实践表明，几乎没有一起重大的腐败犯罪案件是通过这两项制度发现的。还有些制度由于执行程序不具体，导致操作性差，尤其是缺乏对违反制度的行为应承担的责任的明确界定。每换一任新领导，或每年年初，新规章、新制度就纷纷出台，然而，一接触到实际，不是制度没有现实针对性，就是只有干巴巴的若干条"不准"，缺乏违反制度的具体处置办法和量化标准。

制度集成效应未充分发挥的原因主要有三：一是领导重视不够。领导不仅是决策的主体，而且也是抓执行的主体，是落实制度的主要力量。然而，不少领导在工作过程中重建设轻党建，或重决策轻执行，使得制度执行力度不够、效果不好。二是制度监督脱节。即监督制度落实的制度还没有完全到位，已有的制度有些对违反制度的追究条款也没有罗列，学校各级纪委无力实施有效监督。三是对违反制度行为的惩处失之于宽、失之于软，使制度失去应有的效力。

## （三）廉洁的政治生态和崇尚廉洁的社会文化氛围尚未形成

一方面，世俗社会的"潜规则"和"向钱看"，让意志不够坚定者易陷入腐败的泥潭。按常理，党员领导干部应该带头执行制度，然而在现实生活中，总有些干部的遵规守纪意识不到位，还有干部特别是领导干部，在其管辖范围内，无视制度规定，任性放飞"自由"，容易发生领导权力超越制度、代替制度的现象。也有些领导干部主观上无意违规，因制度学习不到位，不能准确把握制度规定，按经验办事，照常理出牌，如无人提醒，会因"无知"而导致违规。另外，由于各类复杂因素，对违规干部的处理不及时、不到位等情况，也容易让其他旁观者产生"违反制度问题也没什么，不会怎样"的错误认识，从而削弱制度的权威性。哲学家狄德罗曾经说过，人生最大的错误，往往就是由侥幸引诱我们犯下的。而且，受中国传统文化消极成分影响，高校师生的规则意识较为淡薄，习惯于被管理而不愿意对管理者遵守制度的情况主动监督。所谓"各人自扫门前雪，休管他人瓦上霜"，"事不关己，高高挂起"，缺乏主体意识，不愿干涉别人事务，即使知道领导违反了制度规矩，也因不愿得罪而不闻不问，或为了小集团利益而佯装不知。如此一来，制度观念便形同虚设。

# 四、 高校"不能腐"体制机制的构建：以武汉理工大学为例

当前，党风廉政建设和反腐败斗争形势严峻复杂，面对多元挑战，作为世俗道德高地的高校必须深入思考，如何解决以往失之于宽、失之于松、失之于软的问题。如何最大限度地避

免或减少腐败现象发生。不同的高校为解决上述问题尝试过多种途径，例如武汉理工大学从教育、制度和文化三个方面着手，加大对预防腐败的管理力度，通过明确职责，厘清权力边界，强化制约监督，实施风险提前预警防控等举措，主动构建"不能腐"体制机制的主体框架，从而有效发挥"不敢腐"的震慑，彰显"不能腐"的效应，筑牢"不想腐"的篱笆。

## （一）广泛深入开展廉洁教育，治理"思想源"

腐败的根源在于人的欲望得不到满足。一些人由于欲望得不到平息和控制，就会绞尽脑汁去突破底线，怀揣侥幸心理去铤而走险。学校认为"不能腐"的体制机制建设，从根本上说就是为"不愿腐""不想腐"内生动力的形成提供外在的制度保障。

### 1. 重视党的政治纪律和政治规矩教育，在"常长"两字上下功夫

武汉理工大学以弘扬优秀文化为牵引，依托校园新兴媒体，以"理工党员"网和手机 APP 为平台，将理论学习与实际工作生活学习紧密结合，在"常长"两字上下功夫，坚持教与育并重，引导广大师生确立奉献、敬业、廉洁、诚信的价值观念，提升社会主义核心价值观的感召力，让纪律和规矩意识深入人心，让师生党员这个群体成为校园遵规守纪的高地和灯塔。

### 2. 重视反腐倡廉教育

武汉理工大学注重发挥纪委的教育职能，在多渠道培训纪

检干部的同时，加大对党政主要领导干部的廉政培训力度。一方面，定期召开党风廉政建设会议，以党章和其他党内重要法规为主要内容，组织学校各二级单位党政主要负责人和重要敏感岗位的干部，集中开展专题学习和重点教育，提升教育的有效性和针对性。另一方面，有序推廉政挂职轮岗培训。让廉政高风险岗位的领导干部到纪委挂职锻炼，直接接受廉政教育；将党性原则强、廉洁自律意识强的纪检干部轮岗交流至有较高廉政风险的岗位，加大对重要敏感岗位的廉政风险防控管理力度。学校纪委还建立了二级单位党风廉政建设和反腐败工作目标考核体系，确定考核的要素和指标，重点加强对领导干部的跟踪分析和考评。

### 3. 重视教育方式的更新迭代

从学校的教育职能上看，廉洁教育不能只盯着领导干部，应该辐射延伸至全体师生。一是加大对优秀党员和标兵模范的宣传力度，以普通党员的优秀事迹来提升普遍的社会道德感和社会评价，在校园内形成一股崇尚廉洁的清风正气。二是加大学习平台建设力度。依托理工党员网和党员干部廉政学习平台，开设学生微党课，发送廉政信息，培育廉政品牌，突出廉洁教育的灵活性和有效性。三是加大廉政谈话和岗位廉政教育力度，要求党政领导干部、支部书记深入基层开展调研，要常敲"小木鱼"，甘做"婆婆嘴"，及时发现苗头倾向，及时开展谈话提醒，及时处理隐患问题。

## (二)注重强化对权力运行监督，堵住"风险源"

推进"不能腐"体制机制建设的重要环节和首要任务要以制度为载体，把预腐、防腐、控腐贯穿于惩防体系建设的各方面、各环节，全面加强监督、预防、惩治等方面的制度体系建设，通过防控廉政风险，规范权力运行，有效增强"不能腐"体系的整体效能。

### 1. 以全面落实"两个责任"为抓手，摆正制约与监督的关系

武汉理工大学自 2011 年开始实施廉政风险防控管理试点，2011—2014 年，学校完成了校院两级廉政风险防控管理的全覆盖，通过排查廉政风险，将权力纳入风险管理控制范围，实施对权力的限制和约束，以降低权力腐败的风险。2016 年，为避免"两张皮"现象的发生，学校尝试将全面落实"两个责任"和廉政风险防控管理结合，组织各二级单位廉政风险防控管理工作开展了"回头看"，把廉政风险防控管理作为主体责任重要内容，纳入学校各级组织发展规划和年度工作任务，融入业务管理，强调统筹部署，强化责任传递，进一步强化了重要部门敏感岗位的风险预警与防控管理。2017 年，为进一步强化主体责任意识，学校将廉政风险防控管理工作成效列入干部任期考核目标，以此来强化党委的主体责任，加强对权力的制约，强化纪委的监督责任，加强对廉政风险环节的监督检查，做到及时提醒和整改督办。2018 年，为推进制度体系的规范化建设，学校在广泛开展校内外调研的基础上，提出廉政风险防控管理标

准化模板，并组织校属各二级单位开展廉政风险防控管理标准化建设。通过明确"两个责任"的关系，摆正了制约和监督这两个关系，切实将廉政风险防控管理理念融入单位全局性布局和具体工作事项之中，既调动了分管领导的积极性和主动性，又加强了监督工作力度，有效提升了校属各单位廉政风险防控管理工作的实效。

2. 以内控治理为契机，理顺建构与防控的关系

加强内控管理是提升高校治理能力的治理水平现代化的关键，是推动大学治理现代化的核心任务。通过实施内控管理，推进高校制度体系建设，实现用制度管人管事管权，以制度规范权力的运行，以制度来约束利益的边界。2013 年，武汉理工大学制定了《武汉理工大学章程》，并于同年 11 月经教育部核准。作为全国首批被教育核准大学章程的高校，该校严格按照中国特色现代大学制度的要求，注重健全内部管理体制，注重加强内控制度建构，坚持把制度建设作为实施内控管理的核心内容。在大学章程的统领下，从决策制度、党的工作制度、行政管理制度、学术组织制度、民主管理与监督制度五个方面，提出了学校规章制度体系框架结构，并逐步建构学校内部管理制度体系，进而推进内控管理各项工作。与此同时，该校围绕发展战略，布局风险管控体系，通过制度清理，对以往规章制度、议事协调机构进行清理，采取梳理权力、查找风险、评估风险、制定措施、监督落实这"五部曲"，将廉政风险防控融入内控管理各环节，加强对内控管理的监督和制约，形成了以防

范为核心的源头预防工作机制，为深入推进内控管理各项工作提供了助力。目前该校廉政风险内控建设框架和制度体系已基本搭建，领导重视、部门协作、全员参与的廉政风险内控体系建设成效初显。

### 3. 以目标管理为抓手，协调个性与共性的关系

目标管理是现代管理学的重要概念之一，是以目标为导向，以人为中心，以成果为标准，通过实行自上而下确定工作目标，自下而上保证目标实现，从而使组织和个人取得最佳业绩的管理方法。廉政风险防控管理建立在明确规定的原则之上，其实质是一种规范化、标准化的管理活动。为此，该校将目标管理与廉政风险防控管理相结合，协调平衡学校管理过程中的共性目标与各二级单位的个性要求，从而有效解决了以往存在的制度落实不力、执行力不够等问题。该校年初通过提出二级目标责任，把廉政风险预警防控列入其中，形成工作机制。每年年末将廉政风险防控作为学校年终责任制考核的重要内容，强化责任追究。通过目标管理，协调共性与个性间关系，积极推进廉政风险防控管理，构建廉政风险内控体系的各项工作已取得了积极进展。

## （三）有序推进校园廉洁文化建设，铲除腐败的"土壤源"

廉洁文化是人们关于廉洁的知识、价值观、规范和与之相适应的生活方式有及社会评价的总和，是廉洁行为在文化和观

念上的反映。一般而言，廉洁教育和反腐制度工作不可能做到绝对的完美和百密无疏，而作为包容性极强的廉洁文化，则正可以弥补教育的疏漏和制度的缺失，发挥约束和熏陶作用。近年来，武汉理工大学一方面立足廉洁文化心态，强化价值引领。通过机关作风建设、师德师风建设和学生诚信成才建设，加强道德内约，提升精神境界和价值追求，保证学校全体师生员工的纯洁性，着力排除或减少社会上的各种潜规则的"黑化"影响。另一方面立足信息社会，强化舆论监督。本着实用有效、师生喜闻乐见、便于传播、易于接受的原则，注重载体的多样化和形式方法的与时俱进。通过"党委抓课堂""党政主要负责人上思政课""师生支部共建"等活动形式，占领制高点，不断强化廉荣贪耻的社会价值导向；通过加强互联网和校园网的廉洁教育，唱响网上思想文化主旋律，以掌握反腐倡廉网络舆论的主动权。针对社会关切、师生关注、可能引发炒作的热点、敏感问题，充分发挥党员干部和网络骨干的作用，适时发布权威信息，及时组织网络评论，积极引导，从而营造了良好的廉洁文化建设舆论氛围。

通过7年的实践探索，武汉理工大学党风廉政建设和反腐败工作初见成效，一方面随着学校制度体制的完善，特别是廉政风险防控体系从探索到标准化管理的构建，进一步夯实了学校"不能腐"内控管理的制度基础。目前该校各二级单位均已完成廉政风险预警防控的标准化建设，针对廉政风险环节，制定了廉政风险防控工作流程，修订并完善了涉及人财物等重要部门关键岗位的管理规定和制度。校院两级遵守廉政风险防控管理新规渐成自觉。另一方面，严肃查处了一批"任性"违规问题。

"不能腐"体制机制建设是一项系统工程，既要有宏观思路，也要有微观的制度设计。高校要坚持严肃教育、严明纪律、严格管理，要始终把法治思维和法治方式贯穿于"不能腐"体制机制建设的全过程，以制度建设为关键，以推进治理体系和治理能力现代化为根本，以风清气正的廉洁校园文化建设为目标，不断铲除滋生腐败的土壤。要通过教育预防的系统性增强说明力，通过制度机制完备性增进约束力，通过权力制约监督的同步性形成制衡力，通过纠风惩戒的严肃性强化威慑力，通过廉洁文化的先进性提示引导力，为高校的科学健康发展和师生员工的清正廉洁提供有力的保障。

# 高校纪检监察问责机制构建的
# 困境与对策

～ 厦门大学纪委

党的十八大以来，党中央把加强党内纪律检查体制机制的建设作为全面从严治党的重要抓手与突破口，不断推进党风廉政建设的制度化，强化党内监督执纪问责，扎牢制度的笼子。习近平总书记在十八届中央纪委五次全会上强调，各级纪检监察机关要聚焦党风廉政建设和反腐败斗争这个中心任务深化党的纪律检查体制改革，加强制度创新，强化上级纪委对下级党委和纪委的监督，推动纪委双重领导体制落到实处，"强化监督执纪问责，深化转职能、转方式、转作风，更好履行党章赋予的职责"①。

高校肩负着培养社会主义建设者与接班人的重大任务，高校党风廉政的开展有助于营造风清气正的教书育人环境。高校

---

① 习近平在十八届中央纪委五次全会上发表重要讲话[EB/OL].[2015-01-14]. 人民网, http://cpc.people.com.cn/n/2015/01/14/c64094-26380006.html.

纪检监察问责机制建设事关高校党风廉政建设的全局，对于推动我国高等教育事业健康发展，促进全面建成一流高校具有十分重要的意义。这就需要我们积极构建适应高校运行特点与运行规律的纪检监察问责长效机制，不断开创高校党风廉政建设工作的新局面。

# 一、构建高校纪检监察问责长效机制的必要性

## （一）全面从严治党的内在要求

全面从严治党是新形势下党中央加强党风廉政建设的总体战略，也是实现中华民族伟大复兴的根本保证；完善党内纪检监察问责机制有助于筑牢全面从严治党基石，构建纪检监察问责的长效机制是实现管党治党走向"严、紧、硬"的重要制度保障。习近平指出："坚持全面从严治党，依规治党。聚焦监督执纪问责，深化标本兼治，创新体制机制，健全法规制度，强化党内监督，把纪律挺在前面，建设忠诚干净担当的纪检监察队伍，不断取得党风廉政建设和反腐败斗争新成效。"[①]党的纪检监察机关是党内的"纪律部队"，是加强党内监督的专责机关，是全面从严治党，加强党风廉政建设和反腐败斗争的"利剑"。完善和发展纪检监察问责机制建设，是坚决反对形式主义、官僚主义、享乐主义和奢靡之风，实现依法依规管党治党的重要

---

① 习近平谈治国理政（第二卷）[M]. 北京：人民出版社，2017：163.

制度保障。

## (二)提升高校治理水平的必然要求

我国高校是党领导下的社会主义高校，一流的大学离不开党的科学领导。加强党的领导能力和党风廉政建设是实现一流大学建设的关键，坚持全面从严治党，强化党内执纪监督，始终保持党在高校思想政治教育工作中的领导作用，是加快建立大学治理结构，加快完善中国特色现代大学制度题中之意。一流的大学离不开一流的治理，加强高校纪检监察能力建设不仅是提升高校思想政治教育工作水平的重要保障，也是规范高校内部治理的重要手段。在建设"双一流"大学的目标指导下，建立健全高校纪检监察问责长效机制，就是要紧密围绕高校教学科研、人才培养以及保障系统，帮助党员干部筑牢思想道德防线，提升抵御腐朽思想侵蚀的能力，促进高校治理能力和治理水平的现代化发展。

## (三)防范高校党政腐败风险的现实需要

推进高校党风廉政建设和反腐败斗争，健全高校纪检监察问责长效机制是加强党对高校工作的领导，促进高等教育事业健康发展的客观要求。近年来，党和政府及社会各界日益重视高等教育事业，加大对高等教育投入的力度与强度，高校掌握的各类资源呈现出井喷式增长，在基础设施建设、固定资产管理、招生与人事管理以及科学研究与学科发展等方面面临着严峻的党风廉政风险，教育经费私自挪用、基础建设违法乱纪、违规招生收受贿赂、学科建设经费及科研经费不当使用等问题时有发生，社会反响很大。因此，完善和发展高校纪检监察问责长效机制，切实提升高校纪检监察部门的履职能力，最大限度地防范这些风险的发生，是促进高校各项事业发展的现实需要。

# 二、 高校纪检监察的独特性

推进党风廉政建设和反腐败斗争，全面从严治党是新时代中国共产党的一项重大政治任务，也是高校纪检部门的首要任务。高校纪检监察工作只有在遵循高等教育自身发展规律的前提下，才能保证高校纪检监察工作的有效性，不断开拓高校纪检监察工作的新局面。

## (一)高校纪检监察要与"双一流"目标相一致

建设世界一流大学和一流学科，提升我国高校整体办学水平，为中华民族伟大复兴中国梦的实现提供智力支撑是高校发展的核心目标。"双一流"大学建设需要高校完善各项规章制度、健全学术组织、实现学科、人才、后勤等全面高质量发展，推进高校治理能力和治理水平的现代化。高校纪检监察就是围绕这一目标而展开活动，构建符合高校运行特点的纪检监察问责长效机制，就是要加强思想教育与制度保障，重点监督高校学术组织尤其是以学术委员会为核心的学术管理体系建设，包括人才引进、学风建设、财务管理、国资管理以及基础设施建设等方面可能存在的违规违纪问题，帮助高校筑牢防腐拒变的思想，完善高校防腐拒变的制度规章，形成风清气正的文化氛围，为"双一流"大学建设提供有力保障。

## (二)高校纪检监察重点在于教育预防

高校纪检监察的对象主要是广大师生员工，相比较而言，他们之间的经济利益关系较少，更多的是一种师承关系、熟人关系、文化关系；这种特有的文化生态构成了高校独特的社会信任关系，决定了高校纪检监察的重点不在于惩处而在于教育、在于预防，在于加强对高校师生的思想政治教育，增强师生的责任感、使命感与荣誉感；让师生员工感受到一身正气、两袖清风是我们的风骨，一尘不染是我们的傲骨。从实际情况来看，高校近年来发生的各种违规行为带来的经济危害性即便不是很大，但社会影响性以及危害性却可能很大，如果高校纪检监察工作抓得不紧，长效机制不能很好地健全，思想政治工作不到位，那么高校师生的人生观和价值观就有可能被各种不良思想所侵蚀。因此，高校纪检监察的目的就是通过教育帮助，做到防微杜渐，防止各种违反师德师风以及其他错误行为的发生，为良好的教书育人环境的形成提供坚强保证。

## (三)高校纪检监察以政治巡察为主

由师生关系、学术关系所组成的独特的圈子关系是高校中关系存在的主要形式，在这种关系结构中实行那种陌生人之间的监督关系比较困难，这就要把纵向的、自上而下的政治巡查以与横向的、不同部门之间的同级政治巡查有机结合起来，把制度巡察与机制保证结合起来，把利剑高悬与尊重老师结合起来，从而把巡察与教育帮助结合起来，也就是说要以政治巡察为主开展高校纪检监察工作。因此，高校的政治巡察应以强化党的领导为根本目标，对高校开展政治巡视"不是从教学科研上看问题，而是从政治上看问题，巡视的对象不是学科建设和专家学者，而是高校党委及党员领导干部"①，透过政治巡视去发现高校党风廉政及反腐败斗争中存在的问题，去找出影响高校党风廉政建设和反腐败斗争中的长效机制不足乃至缺失问题。

# 三、高校纪检监察问责长效机制
## 建设面临的困境

当前，在市场经济大潮的冲击下，受各种思潮的影响，高校党风廉政建设及反腐败斗争出现了许多新的问题，使得高校纪检监察部门在加强党内监督、遏制腐败专责方面面临着诸多困境，高校各种违规违纪和腐败等现象时有发生，高校纪检监察问责长效机制尚未建立健全，使得高校党风廉政建设和反腐败斗争仍然面临着严峻挑战。

第一，高校对加强纪检监察问责长效机制的认识不到位。党的十八届三中全会明确指出，落实党风廉政建设责任，"党委负主体责任，纪委负监督责任"。高校纪检监察机关的主要工作

---

① 西安交通大学党委. 对高校巡视根本目的是加强党的领导[N].中国纪检监察报，2017-09-20.

是监督、执纪、问责，而要做好这一本职工作首先需要纪检监察机关充分认识其主职的重要性。但是，实际工作中，有些高校对纪检监察工作的重要性存在着认识上的误区，认为纪检监察工作在学校的整体发展，尤其是人才培养、科学研究等方面作用不大，不应作为学校发展的中心工作，因而不去探索纪检监察问责长效机制；有些高校纪检监察干部对高校内部存在的违规违纪，甚至腐败问题认识不足，认为大家都在同一个单位，抬头不见低头见，如果严格执纪会被单位同事疏远，因而不愿去探索纪检监察问责长效机制；有的高校不深入研究党的建设与学科建设、人才培养的内在一致性，不能将"政治与业务有效融合、统筹推"进①，在这种认识误区的影响下，高校纪检监察问责机制往往满足于一时一事，而觉得没必要建立问责长效机制，实际监察流于形式，走向"宽、松、软"。

第二，高校纪检监察问责常态化机制建设不足。2016 年 6 月 28 日，中共中央政治局召开会议，审议通过《中国共产党问责条例》，规范和强化了党的问责工作、激发了纪检监察部门的责任意识、促进了纪检监察问责机制的常态化。正如习近平总书记在十八届中央纪委六次全会上指出坚持有责必问、问责必严，"整合问责制度，健全问责机制"。但是，在高校内部，常态化、长效化的问责机制仍然面临着纪检监察问责制度设计存在缺陷，纪检监察队伍仍然属于本高校内部干部，受到本高校内部干部流动与干部管理体制的制约，导致监督检查往往流于

---

① 西安交通大学党委. 对高校巡视根本目的是加强党的领导［N］.
中国纪检监察报，2017-09-20.

形式；受到纪检监察部门的监督主体与执行主体叠加因素的制约，高校纪检监察部门既当裁判员又当运动员，造成纪检部门承担了过多的琐碎繁杂的具体执行工作，监督主体责任无法有效实施，从而影响到监督责任的落实；受到纪检监察部门独立性不足等因素的制约，纪委监察的问责权限无法真正实现；受到"熟人关系"的人情困扰，造成高校纪委的执纪问责工作"重制度轻执行、重检查轻结果、重考核轻问责等现象"①，大多数情况往往是高高举起，轻轻落下。

第三，高校纪检监察部门职责定位不够明确。落实党风廉政建设责任制，党委负主体责任，纪委负监督责任。这就从制度层面厘清了党委、纪委在管党治党上承担的职责，"既牵住主体责任牛鼻子，又发挥纪委专门监督作用"②。可是，高校现有的治理架构及管理体制使得纪检监察部门缺乏独立性，监督主体责任的发挥受到制约，权责不清，高校纪检监察部门工作很难深入开展，高校的一些重点领域如基建、岗位职称晋升、科研经费等领域，存在着监督责任难以有效落实的问题。此外，一些高校在组织落实党委和纪委职责过程中，习惯于按照"工作相近"原则，根据不同部门对相关业务的熟悉程度进行责任划分，将一些原本不属于纪检部门的工作划归纪检部门，造成纪检监察机关陷入"协调变牵头，牵头变主抓，主抓变负责，监督

---

① 顾勤. 高校纪检监察部门履职困境及效能提升研究[J]. 改革与开放，2016，(21).

② 肖培. 纪委要全面履行监督执纪问责职责[N]. 光明日报，2016-12-06.

执纪问题落入虚化空转、难以落实的尴尬境地"①。

第四，高校纪检监察队伍的业务能力有待提高。纪检监察队伍的业务能力是纪检监察工作全面有效实施的基础保障，是全面从严治党的有力武器。复杂严峻的党风廉政建设和反腐败斗争形势对纪检监察队伍的业务能力建设提出了重大挑战。近年来，随着高校党风廉政工作向纵深发展，其纪检监察部门的监督、执纪、问责能力却处于相对落后的状态。首先，高校纪检监察队伍力量薄弱，专职人员不足。随着全面从严治党在高校的全面展开，高校纪委工作量不断增大，监督、执纪、问责的范围和力度不断扩大和提高，而高校现有的执纪问责队伍不同程度地存在着队伍规模较小、专职人员年龄结构普遍老化等问题，严重影响到纪检队伍的执行能力。其次，高校纪检监察队伍专业化建设不足。高校违规违纪和腐败问题逐渐呈现出高科技化、专业化等特点，但由于受到各种主客观因素的影响，而高校纪检监察队伍缺乏思想政治素质过硬、业务能力强、专业化水平高的人员，制约着纪检工作的有效开展。最后，高校基本党组织纪委委员部分由从事其他行政或专职教师中兼任，其监督、执纪、问责的专业化水平不高，而且主动性和积极性也往往不强。这些都会在很大程度上限制高校纪检监察工作的开展，影响纪委有效监督作用的发挥。

---

① 徐昳荃，陈德斌. 高校监督执纪问责的几点思考[J]. 教育教学论坛，2017(14)：50.

# 四、 高校纪检监察问责长效机制构建的路径

纪检监察工作在党风廉政建设和反腐败斗争中发挥着重要作用，是保证全面从严治党战略落到实处的关键环节。要发挥纪检监察工作在加强高校党的建设、促进高校党建工作健康发展中的保障作用，就需要从强化高校纪检监察机关的责任意识、建立健全监督监察问责常态化机制、明确纪检监督工作责任以及加强纪检机关自身队伍建设等方面完善和发展高校纪检监察问责机制。

## （一）强化高校纪检监察机关的责任意识，加快反腐倡廉机制建设

当前，高校存在着党的领导弱化、基层党组织建设软弱涣散、党的监督执纪不力等问题，其根本原因在于高校纪检监察机关的责任意识淡化，对本职工作不重视。因此，这就需要强化高校纪检监察机关的责任意识，下大力气夯实高校党委和纪委的责任基础；从思想上坚定党对高校的领导，提高政治敏感度，纠正一些对"双一流"大学建设与党对高校的领导之间的错误认识。必须清醒地认识到，党对高校的领导弱化、党的有效监督不力造成当前高校一些腐败现象难以得到有效遏制，从而严重威胁到高校的健康发展和"双一流"大学的建设。因此，面对这一形势，高校纪委必须主动亮剑，强化监督、执纪、问责，以对党绝对忠诚的高度政治责任感和使命感，切实担负起全面从严治党的监督主体责任，做到"权力就是责任，责任就要勇于

担当"。此外,高校应积极开展以师德师风、学术道德等为主要内容的反腐倡廉工作,帮助树立正确的人生观、价值观、学术观,不断提高高校党员干部的党性修养,全面推进以教育、预防为主的党风廉政建设。

## (二)建立健全高校监督监察问责常态化机制

纪检监察问责常态化是全面从严治党持续推进的重要机制保障。当前,高校党风廉政建设和反腐败斗争表现出复杂性、多变性和长期性的特点,给高校纪检监察工作带来了严峻挑战。要适应这一形势,高校纪检监察问责工作必须保持常态化。一是建立健全高校纪检监察相关制度,完善党内监督法规,不断扎牢制度的"笼子",保证纪检监察问责依法、依规、依纪。二是坚持纪检监察问责形式和内容的多样化、综合化。根据党风廉政建设和反腐败斗争的不同需要,综合运用多样化的监督检查问责形式,如自查、重点抽查、专项检查、约谈、诫勉等。针对高校反腐斗争的复杂性,高校纪检监察问责的内容要做到具体化,包括监督检查各级党组织和党员干部执行党的路线、方针、政策情况,遵守党的政治纪律、组织纪律情况,落实党风廉政建设责任情况等。只有将纪律、制度挺在权力前面,保持纪检监察问责机制的常态化,才能真正压实纪委监督责任,取得高校党风廉政建设和反腐败斗争的最终胜利。

## (三)明确纪委主体责任,回归责任本位,建立监督责任长效机制

党的十八届六中全会审议通过了《中国共产党党内监督条

例》，明确了纪委的主要职责，即党内监督、执纪、问责，这就为高校纪检监察部门的职责转变提出了新要求。高校纪检监察机关要积极在转职能、转方式、转作风的"三转"方面进行深化改革和调整，将纪检监察机关从过去的越位、缺位、错位，回归到监督执纪问责的本位。具体来说，将由高校业务主管部门承担的职责，如基础建设、人才引进、教育教学、科研管理、职称评定等领域的管理职责归还给相应职能部门，纪委主要监督这些部门的党风廉政和反腐败斗争的问题。通过组织、引导和监察等方式监督各个部门党建和制度执行。协助各级党委做好党风廉政建设与反腐倡廉工作，对于廉政风险较大的领域，如基建、财务、招标采购、干部任用和职称等突出专项治理，采取有效方式切实做好党风廉政宣传教育和廉政风险防控工作。高校纪委只有集中精力抓好抓实主业主责，切实履行好纪委的监督、执纪、问责职能，才能为深化教育领域综合改革，促进高等教育内涵发展提供坚强保证。

## (四) 提升业务能力，加强纪检监察队伍建设

"打铁还需自身硬"，建设一支忠诚、干净、担当的纪律部队是全民从严治党能够落到实处的关键。面对错综和杂的高校纪检监察环境，纪检监察部门和工作人员要始终保持自身的优良作风，不断提升业务能力。一方面，高校纪检监察干部和工作人员要加强党性修养，筑牢党性信仰防线。以马克思主义、毛泽东思想、邓小平理论、"三个代表"思想、科学发展观和习近平新时代中国特色社会主义思想为指导，坚守底线，牢固树

立"四个意识"，坚持"四个自信"，坚决抵制"四风"，做到"自我净化、自我完善、自我革新"，建设一支作风优良、身正干净的纪律部队。另一方面，高校纪检监察部门和工作人员要不断提升自身的业务能力和监督执纪问责能力。通过组织纪检监察干部和工作人员参加各类学习和培训，精准掌握党纪党规、党章等的具体规定，始终把党的纪律挺在前面，准确掌握和运用防腐抗变的各种专业知识和技术，提高纪检队伍的业务素质和能力。

# 高校二级单位纪检工作研究

四川大学纪委

滕文浩　廖　毅　周立立

按照中国高等教育学会廉政建设分会关于"2018年高校廉政建设调研项目"的相关工作安排和要求，四川大学纪委组成由校纪委副书记任课题负责人，校纪委办公室、监察处相关同志为成员的课题组，通过深度访谈、问卷调查、会议讨论等方式获取丰富客观信息和第一手资料，深入总结当前高校二级单位纪检工作的主要做法与成效，发现问题和不足，深刻剖析成因，研究提出新时代推进高校二级单位纪检工作的基本思路与主要举措。

## 一、高校二级单位纪检工作的主要做法与成效

2015年3月，教育部召开教育系统党风廉政建设工作会议，明确要求各高校积极探索在二级单位设立纪委。一段时间

以来，很多高校二级单位的纪检工作在组织建设、制度建设、人员配备、职能履行等方面取得了积极进展。

## （一）完善组织体系，强化二级纪委工作队伍建设

一是直接设立式。部分高校，如四川大学、浙江大学、吉林大学等，在设立党委的单位设二级纪委，选配纪委委员，在设立党总支的单位设纪检委员。二级单位纪委由同级党委党员（代表）大会选举产生，对党员（代表）大会负责并报告工作，每届任期与同级党委相同，其纪委书记一般由党委副书记或党委委员中的同级党员行政副职担任。

二是派驻式。部分高校，如武汉理工大学、西北工业大学等，由学校党委、纪委向学校二级单位派驻纪检组长或纪检监察员，业务上受学校纪委直接领导，对学校纪委负责并汇报工作，其人员编制属于学校纪委办公室，以保证监督的独立性。

三是分管式。部分高校，如武汉大学等，主要是在设立分党委（党总支、直属党支部）的学院、直属单位，由一名党员领导班子成员分管纪检监察工作，同时明确一名纪检员负责具体工作；机关各部门和未设立党委（总支）的直属单位，由一名领导班子成员分管纪检监察工作。另外，在一些重点领域和重要部分，如后勤、机关党委也相应通过直接设立的方式增设二级单位纪委。

四是混合式。部分高校，如湖北大学等，形成混合式组织架构，在设立分党委（党总支、直属党支部）的学院、直属单位，由一名党员领导班子成员任纪检委员，协助并督促本单位

分党委(党总支、直属党支部)抓好所在单位纪检监察工作。同时，学校可以根据工作需要，向校内二级单位派驻纪检员。对于重点职能部门，学校纪委实行不定期纪检监察调研制度。

## (二)建立健全规章制度，规范二级纪委工作行为

根据《中国共产党章程》《中国共产党党内监督条例》和落实党风廉政建设党委主体责任和纪委监督责任等有关规定，各地高校基本明确了二级纪委的职责定位，即协助同级党委加强党风建设和组织协调反腐败工作，对本单位党风廉政建设履行监督责任。

一是高校普遍通过选送部分专职纪检干部参与上级机关纪律审查、巡视检查、顶岗锻炼、以案带培、专题学习，以及成立校院两级纪检干部联合核查组的方式，使二级单位纪检干部不断在实战中锻炼能力、提升水平。

二是部分高校纪委出台了加强和规范其二级纪委工作的制度办法，包括全面落实二级纪委监督责任的实施办法、二级单位纪委工作规程、二级纪委问题线索处置管理办法，以及二级纪委定期报告、信访受理、问题线索处置、案件查办等情况的相关规定等。着力强化工作规程建设，加强对自身权力运行的监督制约，努力打造忠诚干净担当的纪检监察队伍。

三是部分高校校级纪委加强了对二级单位纪委的工作监督与业务指导，如建立校级纪委与学校附属单位纪检监察工作协作联动机制的实施意见、签订二级单位纪委履行监督责任书等。

# 二、 当前高校二级单位纪检工作
## 存在的主要问题与困惑

从调研情况看，在当前高校二级单位纪检工作中，还存在认识不到位、力量不足、工作规范意识不强、落实的举措和办法比较有限、推进工作的难度较大、重点领域监督薄弱等情况和问题。

## （一）思想根基有待进一步打牢

从宏观上看，各地高校高度认同全面从严治党，坚决拥护中央和教育部党组的决策部署，高度重视党风廉政建设，全面从严治党意识有了明显增强；但一些高校二级单位党组织、党员干部的思想认识仍停留在整治贪污腐败、清正校园风气的朴素观念上，还不能从加强党的领导、夯实党的执政基础、巩固党的执政地位、保障学校社会主义办学方向等方面，认识全面从严治党的重大意义和作用。

在责任担当方面，一些高校二级单位纪委仍然存在"老好人"思想，怕得罪人，不同程度地存在不愿监督、不敢监督、不善监督的问题。在环境氛围方面，部分高校二级单位对意识形态工作的极端重要性认识还不够到位，对讲坛、论坛、学术研究项目、国际学术交流等重要阵地和事项的监管、把关还不够到位，一些教师还不能完全理解学校加强意识形态工作的若干措施，有的甚至有抵触情绪。在工作规范方面，一些高校二级单位纪检机构在信访受理、问题线索处置和案件查办工作上，落实以上级纪检机关领导为主的制度要求不到位，主动向上级纪委汇报的意识还不够，信访处置情况反馈不及时，反馈内容不细致甚至不符合规范要求等。一些高校二级单位纪检机构对涉及自身所在单位、部门的问题线索和案件查办习惯于"内部解决""内部消化""家丑不可外扬"，偏好"大事化小，小事化了"，向学校纪检机关的报告、请示和寻求业务指导的责任意识不够，工作机制不健全。

从调查数据来看，当前很多高校的二级单位政治生态现状整体较好，但不排除一些领导班子在党的政治建设方面仍存在一定程度问题。据笔者调查结果，绝大部分师生对所在单位政治生态现状的总体评价较好，"比较满意"及"满意"占比分别为26.02%、57.99%。但有师生认为所在单位领导班子在党的政治建设方面存在一定程度问题，其中最突出问题为："党内政治生活存在'形式化、庸俗化'现象"（18.71%）、"政治站位不高，政治能力和执政水平不足"（10.12%）、"政治原则淡化，存在'上有政策，下有对策'现象"（8.28%），以及"党员先锋意识'淡化'"（13.95%）、"党员干部教育管理'虚化'"（13.49%）、"抓中心议大事能力不强"（12.56%）、"职责意识淡薄，重业务、轻党建"（8.84%）等。

## (二)队伍力量比较薄弱

当前，高校二级单位纪检工作人员不足、力量薄弱问题是普遍存在的。一些高校二级单位纪检机构往往是"纪委书记干一切"，其自身配备的纪检人员包括纪委委员往往是教师兼任，既没有建立明确的权责关系，也没有强烈的岗位意识，不知道该如何开展工作，也不知道该干什么，工作积极性不高，"有其名而无其实"。

同时，很多高校二级单位纪委反映，其干部队伍的专业知识缺乏、理论不足，实训经验少，监督执纪过程中对政策的把握和有效开展存在困难，推动工作有时限于落实上级和学校的部署，不能结合本部门、本单位实际主动思考、积极探索，缺乏真正适合本单位特点和特色的真招、实招、硬招，少数二级单位纪委甚至还存在以会议贯彻会议、以文件贯彻文件的现象，简单粗糙、照搬照套的痕迹较为明显。

从调查数据来看，有师生认为所在单位纪委书记和纪委委员在监督执纪问责方面的"作用发挥一般"（13.01%）、"作用发挥较小"（1.86%），有的甚至"没发挥作用，形同虚设"（5.58%）。同时，有师生认为，"二级纪委书记多为兼职，时间、精力不足，专业知识和能力欠缺"（13.02%）、"基层党组织认识不足、重视不够、行动不力"（12.5%）、"对重点部位、关键岗位监督不到位"（11.98%）、"专职纪检监察干部力量配备不足"（11.72%）等。

## （三）工作措施比较有限

当前，很多高校二级单位纪委书记由该单位负责学生工作的副书记兼任，而学生工作事务繁杂，突发性、临时性事务也比较多，造成很多二级单位纪委书记疲于应付，难以抽出更多的时间精力投入到监督责任上。同时，高校二级单位纪委有关党风廉政主题教育活动的精品化、精细化程度不够，指导不足，尤其针对学院领导和系(科、室)书记、主任层面的党风廉政教育形式较为单薄，缺少有分量、有影响力的教育模式。

从工作推进本身来看，高校二级单位纪委在推进纪律监督、作风监督和执纪审查等工作中，面临着熟人社会以及部分基层党员干部和普通教职工对党风廉政建设认识不到位的困境，深度推进和加强相关工作存在一定的难度。同时，鉴于同级监督的困难，二级单位纪委对其单位"关键少数"进行有效监督也存在较大难度。

从调查数据来看，绝大部分师生对所在单位党员领导干部转作风的整体评价较肯定，"有较大改进"及"有很大改进"占比分别为26.02%、59.11%。但有师生认为所在单位党员领导干部仍存在形式主义、官僚主义方面的问题，其中最突出问题为："履行职责热衷于层层签'责任状'"(12.39%)、"表态多调门高、行动少落实差"(11.7%)、"搞形象工程和政绩工程"(9.86%)、"以会议落实会议、以文件落实文件"(8.27%)等。有师生认为所在党支部坚持"三会一课"制度不到位，虽"按时组织开展，但流于形式"(17.1%)，甚至有"不按时组织开展，让位于业务工作"(1.49%)的情况等。

### (四)重点领域监督薄弱

针对廉政风险重点领域，如附属医院，存在卫生医疗系统与高等教育系统在监管方面协作联动不到位，使得高校附属医院纪检机构工作推进机制不畅的问题。同时，高校附属医院的上级主管部门包含卫生行政部门、教育部门和所在高校。这种监管多头、管理方式不一致的格局，在一定程度上影响了高校附属医院纪检机构相关党风廉政建设和反腐败工作的实际效果。另外，针对廉政风险重点领域校办企业，也存在其现代化企业治理体制和自身的纪检机构监管机制建设不到位等问题。

从调查数据来看，二级单位廉政风险得到有效防控，但重点领域和关键环节的廉政风险仍较突出。一半以上师生认为所在单位廉政风险不高，但分别有15.99%、4.83%的师生认为所在单位廉政风险较高、很高。同时，师生在16个廉政风险点的选项中，认为所在单位在"选人用人"（13.21%）、"绩效考核发放"（9.91%）、"招标采购"（8.33%）、"专项经费的管理和使用"（7.86%）等重点领域和关键环节的廉政风险较为突出。

从总体上看，上述问题是由多方面原因造成的，既有客观因素，也有主观原因，同时又有环境诱因。

一是从环境层面看，当前我国已进入改革发展的关键时期，思想观念正在经历深刻的变化。高校不是世外桃源，一些社会不良思潮、思想观念和价值取向，不可避免地会影响到高校党员干部和师生员工的认知，造成一些高校党员干部包括基层纪检干部和相关工作人员"四个意识"不强，政治站位不高，责任担当不够等。

二是从对象层面看，高校二级单位特别是学院层面的教师平时忙于教学、科研和管理工作，对党纪党规学习不够，体会不深，理解不到位；有的党员干部、教职工法纪意识比较淡薄，对党的政策和法律法规学习不够、领会不深，缺乏敬畏心；有的党员干部在利益面前，心存侥幸，挑战纪法，等等。这些情况的存在无疑进一步加大了高校二级单位纪检工作的困难。

三是从制度层面看，当前高校二级单位纪检工作的制度建设总体上处于起步阶段，虽然部分高校制定了一些规章制度，但其针对性和细化程度都有待进一步提高。同时，制度执行的监督不够有力，问责和奖惩机制不健全，用问责追究撬动责任履行的力度和措施还需进一步强化。

四是从保障层面看，一些高校二级单位党组织对其纪检工作的人力、物力、财力的保障还不到位，同时也缺乏有效的监督条件和手段，相关活动开展存在一定的难度。

# 三、 推进高校二级单位纪检工作的基本思路与主要建议

按照中央和教育部有关加强高校全面从严治党的决策部署和精神要求，在借鉴已有好的经验、做法基础上，针对二级单位纪检工作中存在的问题和不足，把准脉络、靶向治疗、精准施策，推动高校二级单位纪检工作不断迈上新台阶，为巩固发展风清气正的校园政治生态提供坚强政治保证。

## （一）把政治建设摆在首位，严明政治纪律和政治规矩

持续推进"两学一做"学习教育常态化制度化，通过系统化、专题化政治学习，不断增强"四个意识"，坚定"四个自

信"，做到"两个维护"，自觉用习近平新时代中国特色社会主义思想武装头脑、指导实践、推动工作，确保党中央决策部署落地生根，开花结果，不断推进全面从严治党向纵深发展、向基层延伸。充分发挥反面教材作用，通过高校领域特别是身边人身边事的违法违纪典型案例，加强警示教育，形成有效震撼。严肃党内政治生活，不断提升党支部"三会一课"质效，加强对高校二级单位党内政治生活状况、党的路线方针政策执行情况、民主集中制等各项制度执行情况、民主生活会开展情况的监督检查，以查促改、以改促建，不断提高高校二级单位纪检干部的政治站位和政治觉悟。

## (二)切实加强高校二级单位纪检队伍建设

建立健全高校二级单位纪检人员履职尽责的工作机制和制度保障，配齐配强高校二级单位纪检队伍，确保机构到位、人员到位、条件保障到位。探索设立重点二级单位纪检监察专职岗和特邀监察员机制，努力建设一支善于运用党章党规党纪开展执纪审查工作的专兼职干部队伍。切实将监督执纪责任压到二级单位纪检工作的每一个岗位、每一个纪检干部身上，层层落实责任，层层传导压力。

## (三)切实加强对高校二级单位纪检工作的监督指导，不断提升其业务能力

按照"查办腐败案件以上级纪委领导为主，线索处置和案件查办在向同级党委报告的同时必须向上级纪委报告"的要求，进

一步规范二级单位纪委信访受理、问题线索处置和案件查办工作，强化校级纪委对二级纪委执纪问责的督促指导和监督制约力度，协助解决存在的问题，形成工作合力。推动校院两级纪检机构联动协作及一体化建设，明确二级单位纪委主要负责人每年向校级纪委报告所在单位领导班子成员特别是"一把手"落实党风廉政建设主体责任、执行民主集中制、廉洁自律的情况；二级单位纪委每年向同级党委和校级纪委报告履行监督责任情况，接受同级党委和学校纪委的指导和监督。强化对二级单位纪检干部的业务素质培训，通过业务指导、业务培训、经验交流、以案带培、调研走访等方式和手段，提升二级单位纪检干部队伍的业务能力和工作水平。

## (四)健全二级纪委制度建设，做到有章可循，规范开展工作

对照《中国共产党纪律检查机关监督执纪工作规则(试行)》，优化完善高校二级单位纪委开展监督执纪工作的相关制度、规范和流程，特别是切实解决当前存在的提醒谈话、批评教育、诫勉谈话和函询不够规范，涉案款物管理不够科学，资料归档不够健全等突出问题。探索实施二级单位纪委书记向校纪委汇报工作制度，探索建立附属医院纪委书记联席会议制度，聘任校级特邀监察员等。深入推进重点领域和关键环节深化改革，推进内控机制建设和廉政风险防控机制建设，切实把好基建工程、科研经费、招生招考、校办企业、附属医院等重点领域和关键环节关口，不断完善高校二级单位纪检工作制度体系。

# 深化"三转"，改进高校纪检监督

西安交通大学纪委

王亚荣　苗晋英　晁长征　丁　雷

　　转职能、转方式、转作风，是以习近平同志为核心的党中央，站在推动新时代党和国家事业发展的高度，对在新的历史起点上深化党和国家机构改革提出的明确要求。围绕推进纪检监察体制改革、深化"三转"，习近平总书记作出了一系列重要论述，在2014年1月十八届中央纪委三次全会上，习总书记强调"要以深化改革推进党风廉政建设和反腐败斗争"；在2015年1月中央纪委五次全会上，习总书记强调，纪检监察机关要"深化转职能、转方式、转作风"；在2016年1月中央纪委六次全会上，习总书记进一步要求纪委要在全面从严治党中找准职责定位，聚焦主业主责；在十九届中央纪委二次全会上，习总书记提出"六个统一"，为各级纪检监察机关深化"三转"，推动全面从严治党向纵深发展提供了重要遵循、指明了前进方向。

　　如何准确理解和把握纪检监体制改革的精神，深化"三

_109

转"，履行好监督这个基本职责、首要职责，是高校纪检监察部门面临的重要课题。笔者团队根据十九大以来中央最新精神要求，对各高校纪检监察部门深化"三转"改进监督工作开展了深入调研，旨在为高校对标十九大精神、更高水平深化"三转"、改进纪检监督提出建设性的建议。

# 一、 高校纪检监督的新要求、 新任务

推动高校全面从严治党向纵深发展，构建良好的政治生态，使高校成为坚持党的领导的坚强阵地，对推进高校始终坚持社会主义办学方向，促进教育事业健康发展意义十分重要。高校纪检监察部门要科学研判和准确把握高校纪检监督的新要求新任务，深化"三转"，进一步厘清职能定位、创新工作方式方法、改进工作作风，更加精准、务实地做好新时代纪检监督工作。

## (一)深化"三转"必须把政治监督摆在首位

十九大明确提出政治建设是党的根本性建设，要以党的政治建设为统领。坚决维护习近平同志在全党的核心地位，坚决维护党中央权威和集中统一领导，是党的政治建设的首要任务。纪检监察机关首先是政治机关，要把"两个维护"作为首要历史使命和重大政治责任，要体现在行动上、落实到监督工作中。高校是人才培养的主阵地，高校加强党的政治建设，事关全面贯彻党的教育方针，事关新时代中国特色社会主义事业后继有

人。高校纪检监察部门必须把政治监督摆在首位，加强对十九大精神和党中央决策部署贯彻落实情况的监督检查，首要是要强化对贯彻党的教育方针，坚持社会主义办学方向，落实意识形态责任制情况的监督检查。

## （二）深化"三转"必须紧紧围绕行使公权力这一核心

十九大以来，中央深化监察体制改革，构建起覆盖所有行使公权力的公职人员的国家监察体系，实现国家监察全覆盖。监察法把高校从事管理工作的人员纳入监察对象范围，教师参与招生、采购、基建等与公权力有关的事宜，也就成为监察对象，这为高校进一步做好监察工作提供了政策支持和保障，也提出了全覆盖的监察工作新要求。

高校是集知识创新、知识应用、知识传播为一身，融教学、科研、社会服务为一体的学术性机构，其内部管理是一种具有学术管理属性的行政管理。教师具有多重角色，多重角色使其肩负的公权力、学术权力和个人权力交织在一起。高校纪检监察部门开展监督，就要紧紧围绕行使公权力这一核心，从"人"和"事"两个标准结合起来判断，既要把触角延伸到过去的监督"盲点"和"死角"，又要避免监督发散泛化，靶向偏离，陷入"全覆盖"就是"啥都管"的误区，以提高监察监督的精准性。

## （三）深化"三转"必须紧盯"关键少数"

习近平同志多次强调，从严治党，关键是要抓住领导干部这个"关键少数"，从严管好各级领导干部。《中国共产党党内监督条例》明确党的各级纪委要加强"对同级党委特别是常委会委员、党的工作部门和直接领导的党组织、党领导干部履行职责、行使权力情况的监督"。高校中层领导干部掌握着方方面面的权力，是学校各项事业发展的领军人物，也是腐败易发多发的高危人群，是决定所在单位政治生态的"关键少数"，高校党委班子成员更是"关键少数"中的"关键少数"。高校纪委在上级纪检机关和同级党委的领导下开展工作，由于对同级党委具有依附性和从属性，难以实现对同级党委的有效监督。深化"三转"，必须破解同级监督的难题，实现对学校党委领导班子成员的有效监督。破解这一难题，在于重点监督"关键少数"履行主体责任和"一岗双责"的情况，落实中央八项规定精神，反对"四风"特别是形式主义官僚主义情况。

## (四)深化"三转"必须综合运用"四种形态"

坚持严管和厚爱结合、激励和约束并重，是我们党管理干部的基本原则和一贯方针。党的十九大报告明确指出："坚持开展批评和自我批评，坚持惩前毖后、治病救人，运用监督执纪'四种形态'，抓早抓小、防微杜渐。"新修改的党章也增加了运用"四种形态"的内容。高校纪检监察部门要牢牢抓住"四种形态"这个有力武器，充分运用好"第一种形态"，强化日常监督，最大限度地防止干部出问题，最大限度地激发干部的积极性。同时要落实从严的要求，敢于运用后三种形态，管到位、严到份，让党员干部知敬畏、存戒惧、守底线。要把严管和厚爱、激励和约束结合起来，既督促干部自觉按纪律和规矩办事，在法律范围内活动，又要旗帜鲜明为敢于担当的干部撑腰鼓劲。

### （五）深化"三转"必须全面过硬强作风

纪检监察工作政治性、政策性、专业性强，没有优良的作风作保障，就不可能做好。高校中党员干部群体文化程度普遍较高，专业化人员聚集，管理部门的职能分化和人员的专业化增加了监督的难度。新要求、新任务对纪检监察工作的细节、对纪检监察干部的作风和能力都提出了新挑战。正人先正己，打铁必须自身硬，高校纪检监察干部要锤炼过硬的作风，提升综合素质和履职水平，在监督中敢于动真碰硬善于发现并解决问题，才能真正履行好监督责任。

## 二、 高校深化"三转"开展监督的现状

笔者团队在收集相关资料、实地调研走访的基础上结合高校实际制作了电子调研问卷，共回收调查问卷 93 份，其中来自教育部直属中管高校 28 份，教育部直属非中管高校 44 份，非教育部直属高校 21 份。调研对象主要是各高校纪委负责人，还有少数一线纪检干部。笔者团队对问卷结果进行了深入分析，主要内容总结如下：

### （一）主要实践做法

自中央提出"三转"以来，高校纪检监察部门聚焦主责主业的自觉性和主动性不断加强，行动上更加积极推进，在开展监

督方面取得了一定的进展和突破。

1. 退出议事协调机构

绝大部分高校纪检监察部门退出了与主责主业不相关的议事协调机构。如图 1 所示。

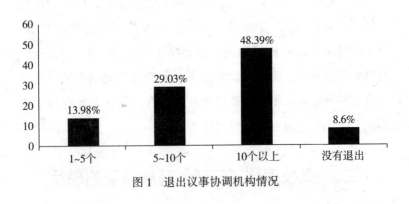

图 1　退出议事协调机构情况

调研了解到，北京大学纪检监察部门退出了除党风廉政领导小组之外的所有议事协调机构；哈尔滨工业大学纪检监察部门退出了除招生领导小组之外所有的议事协调机构；复旦大学和中国科学技术大学纪检监察部门退出了所有议事协调机构；四川大学纪检监察部门退出了不属于职责范围内的议事协调或工作机构（25 个），交还相应主责部门的监督事项（44 项）。中央纪委监察部参与的议事协调机构已由 125 个减至 14 个，对确实需要纪检监察机关参加的才予以保留，属于其他部门职责范围的不再参与，避免出现职能"越位""错位"等问题。2018 年 9月，教育部党组下发文件，明确驻部纪检监察组除继续参加教育部党风廉政建设和反腐败工作领导小组、教育部党建工作领导小组、中共教育部党组巡视工作领导小组外，退出教育部其他所有议事协调机构。

2. 退出业务现场监督

绝大部分高校纪检监察部门退出了采购招标、招生录取等业务工作的现场监督，如图2所示。

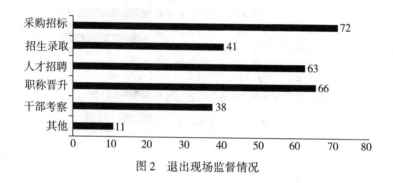

图2  退出现场监督情况

3. 强化主体责任落实

调研了解到，各高校制定了落实党风廉政建设主体责任实施办法，以推动主体责任落实落细，主要采用签订责任书、完善谈心谈话制度、加强对权力运行的制约和监督等方式来强化主体责任落实，如图3所示。

4. 探索校内巡察监督

各高校正在探索开展校内巡察工作，相对而言，中管高校进展较快，笔者团队通过电话咨询、实地走访等方式了解到 30 所中管高校开展巡察的相关情况，有 20 所高校设立巡察工作领导小组，其中 15 所高校同时设立巡察办公室具体负责巡察工作开展。问卷调研情况如图 4 所示。

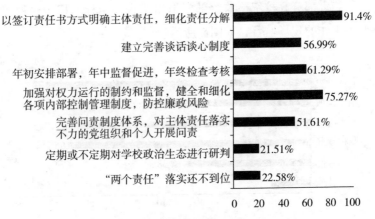

图 3　强化主体责任方式

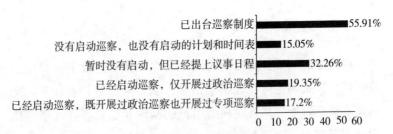

图 4　校内巡察开展情况

5. 综合运用"四种形态"

各高校普遍重视综合运用"四种形态"，特别是第一种形态加强干部监督管理。很多高校出台了贯彻落实监督执纪四种形态实施办法，西安交通大学等高校还制定了运用监督执纪"第一种形态"实施办法或细则。调研问卷显示，有82所高校运用第一种形态加强日常监督，具体运用情况如图5所示。

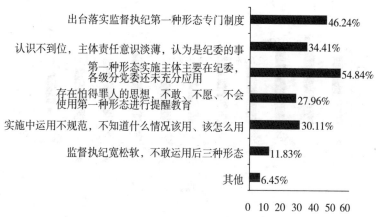

图5　运用"四种形态"

6. 紧抓"关键少数"

调研显示，大部分高校纪检监察部门以学校中层领导干部为监督重点对象。例如，西安交通大学等纪检监察部门制定了监督同级党委的制度办法。2018年3月，中共教育部党组印发了《关于主动接受中央纪委驻教育部纪检组监督的实施办法》，为高校党委起到了良好的表率作用。

7. 加强重点领域监督

调研问卷显示，各高校对重点领域的认识较为统一，并且普遍重视对这些领域的监督，主要包括招标采购、干部人事、基本建设、科研经费、招生录取、后勤管理等重点领域。具体情况如图6所示。

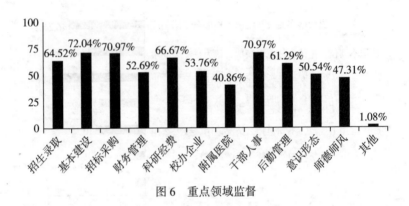

图6　重点领域监督

8. 积极加强作风监督

各高校高度重视作风监督，基本形成了党委统一部署，集中开展整治，纪委对突出问题开展专项治理，党委纪委齐抓共管的工作格局。问卷调研情况如图7所示。

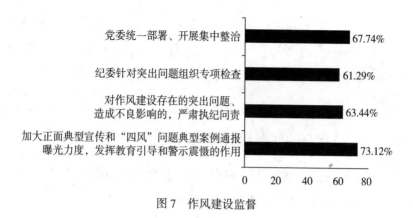

党委统一部署、开展集中整治 67.74%

纪委针对突出问题组织专项检查 61.29%

对作风建设存在的突出问题、造成不良影响的, 严肃执纪问责 63.44%

加大正面典型宣传和"四风"问题典型案例通报曝光力度, 发挥教育引导和警示震慑的作用 73.12%

图7　作风建设监督

9. 发挥二级纪委(纪检委员)作用

高校普遍在二级党组织中设二级纪委或纪检委员, 部分高校明确了二级纪委或纪检委员职责, 加强培训提升履职能力。问卷调研情况如图8所示。

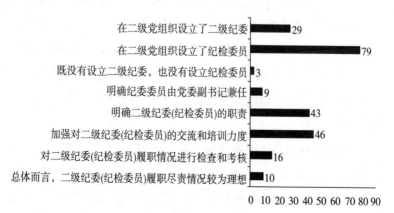

在二级党组织设立了二级纪委 29

在二级党组织设立了纪检委员 79

既没有设立二级纪委, 也没有设立纪检委员 3

明确纪委委员由党委副书记兼任 9

明确二级纪委(纪检委员)的职责 43

加强对二级纪委(纪检委员)的交流和培训力度 46

对二级纪委(纪检委员)履职情况进行检查和考核 16

总体而言, 二级纪委(纪检委员)履职尽责情况较为理想 10

图8　二级纪委(纪检委员)作用发挥

综上，高校退出议事协调机构和现场监督之后，多措并举深化"三转"，主要有：综合运用监督执纪"四种形态"、开展巡视巡察监督、抓"关键少数"监督、加强重点领域和关键环节监督等。

## (二)存在的问题和困难

高校纪检监察部门在深化"三转"加强监督方面取得了一定的进展，但也存在着一些问题和困难。

### 1. 思想认识不到位

一是党委认识不到位。部分高校党委对纪检监察部门"三转"的认识还不到位，存在"有纪委参加才放心"的思想。一些业务检查工作要求纪检监察部门牵头，对"三转"的支持力度不够，导致纪检监察"转不动"。

二是纪检监察部门认识不到位。部分纪检监察部门还存在着"不想转、不会转"的问题。有的对高校全面从严治党的形势和任务、纪检工作的重要性和紧迫性认识不到位，缺乏积极深化"三转"的思想自觉。有的担当不够，有畏难等靠的思想，觉得转不到位反而不如维持现状；有的有"路径依赖"思想，凭习惯和经验监督。

三是业务部门认识不到位。高校业务部门对自身的主体监管责任认识不到位，有的认为监督是纪委的事，有的在推进工作时，习惯于借力甚至推给纪委，使纪检监察从"监督员"变成"共同体"，陷入"协调变牵头、牵头变主抓、主抓变负责"的怪圈。

## 2. 主业主责不聚焦

一是聚焦政治监督不充分。有的纪检监察部门对践行"两个维护""四个意识"、贯彻落实党的教育方针的监督检查缺乏有效抓手，不清楚如何有效开展政治监督，对六大纪律的监督集中在违反组织纪律、廉洁纪律的监督上，方式方法依然停留在对问题线索开展调查核实上。有些高校纪检监察部门还没有深刻认识到加强政治监督的必要性和紧迫性。调研问卷显示，超过60份问卷认为招生录取、基本建设、招标采购、科研经费、干部人事应该作为纪检监察部门监督的重点领域，而意识形态仅有47份勾选，在所列12个候选项中排名第9，这充分说明高校纪检部门注意力依然集中在人、财、物集中、廉政风险高的领域。

二是聚焦监察监督不深入。高校纪检监察部门作为内部监察部门，对怎样贯彻落实《中华人民共和国监察法》(简称《监察法》)还没有明确的认识。纪检监察部门是不是《监察法》的实施主体？具有《监察法》规定的哪些权力？教师凭借学术权力担任职称评审、科研评审专家等是不是属于行使公权力范畴？教师使用科研经费是否属于监察范围？等等，这些都还不清晰。中央纪委国家监委法规室编写的《监察法释义》中指出："公办的教育、科研、文化、医疗卫生、体育等单位中具体哪些人员属于从事管理的人员，需要随着实践的发展，不断完善。"在调研问卷中，有68份认为高校纪检监察部门不知道如何贯彻落实

《监察法》，占比 73.12%。调研发现，北京大学、西安交通大学等高校根据各自大学章程成立监察委员会，各高校对监察委员会的职责与定位也不尽相同，监察职责、监察范围、监察手段没有统一的标准。

### 3. 方式方法不精准

一是抓巡察监督不到位。有的高校没有充分认识到巡察监督在高校管党治党、办学治校中的作用，还没有启动的计划和时间表；有的高校巡察政治定位不够清晰，没有从政治的高度查找梳理总结问题；有的高校巡察工作方式方法单一，发现问题能力不足，仅发现一些共性和面上的问题，深层次问题难以发现。34.14%的调研问卷反映"对二级党组织政治巡察的观测内容不清晰，查找问题手段偏少"；有的没有做好巡察的"后半篇文章"，推进整改不到位，成果运用不够。

二是抓"关键少数"监督不到位。高校是相对封闭的熟人社会，纪检监察部门对于"关键少数"的监督由于碍于面子难以开展。普遍存在不敢监督、不会监督同级党委及其班子成员问题，84.95%的调研问卷反映高校纪检监察部门"缺乏监督同级党委的权威和有效的手段"。

三是抓重点领域监督不到位。纪检监察部门虽然对参与的议事协调机构和现场监督进行了精简，但保留的仍不在少数，把时间和精力聚集到主业上不够。调研问卷显示，21 份问卷所在高校保留参加了 10 个以上议事协调机构，占比最高达49.45%。还有高校至今没有退出采购招标、基本建设、招生录取等重点领域的现场监督；有的深度参与具体业务，代行主体监管责任，有越位现象；有的主动发现问题不够。

四是抓日常监督不到位。有的第一种形态实施主体主要在纪委，各级分党委还未充分应用。有的实施中运用不规范，不知道什么情况该用、该怎么用。这主要表现在：对如何运用第一种形态心中无数、方法缺失，运用上泛化、虚化、空洞化，不善于用党章党规党纪去教育挽救党员干部，"红脸出汗"尚未形成常态；对"四种形态"之间的相互转化掌握不够，监督执纪宽松软，不敢运用后三种形态，将大问题轻易放过，大而化小、小而化了。

### 4. 队伍建设不过硬

一是纪检监察干部人数偏少，人员结构不合理。高校党委对纪检监察干部的交流、培养、使用重视不够，纪检监察部门很难吸引有法律、财务、计算机背景的优秀年轻干部。校内巡察工作开展后增加了纪检监察干部的工作量但其配套却不到位，这加重了纪委的工作负荷，使得工作量与人力保障的矛盾更加突出。

二是监督执纪能力不足。高校纪检监察干部执纪执法的专业能力、面临新情况解决新问题的能力等都还需提升；敢于动真碰硬、不怕得罪人的担当不够，过硬的作风还需锤炼；监督执纪工作的规范性、程序性、严肃性还需强化。

## 三、 做好高校纪检监督的对策与建议

深化"三转"，转职能是核心，决定着工作的方向，着力解

决的是监督工作"干什么"的问题；转方式是关键，体现了工作的抓手，着力解决的是监督工作"怎么干"的问题；转作风是保障，决定着工作的成效，着力解决的是监督工作"干得好"的问题。三者紧密关联，自成一体。

## (一)进一步找准职责定位，构建监督合力

### 1. 持续巩固"监督的再监督"理念

高校纪检监察部门要坚决杜绝凡事直接冲到一线、越俎代庖导致的越位、错位问题，立足于"再监督"，将监督的着力点转变到对主责部门和责任人员履职情况的监督上来。"转职能"的目标仅靠纪检监察部门自身努力无法达到，必须有党委和主责部门的坚定支持和有效配合才能实现。

### 2. 推动落实好主体责任

高校党委、各院级党组织和各业务部门要进一步扭转思想认识上的不到位问题，扭转工作实际中对纪委的惯性依赖问题，明确职责定位，摆正主责监督和纪检监察再监督的关系，在实际工作中自觉落实好主体监督职责，积极接受纪检监察部门的再监督、同向合拍；助力纪检监察部门从过去参与、配合开展业务监督，转变到对主体责任履行情况的监督上来，帮助纪检监察工作"三转"真正深入，构建内外监督的合力。

## (二)进一步聚焦监督重点，改进监督方式

### 1. 切实抓好校内政治巡察，突出政治监督定位

校党委是开展校内巡察的主体，纪委要全力协助好党委做好具体工作。开展校内政治巡察旨在发现问题、形成震慑、推动整改、促进发展，着力解决院级党组织在管党治党、办学治院、推进改革发展方面存在的突出问题，推动院级党组织强化政治核心和保障监督作用，推动全面从严治党向纵深发展。

一要加强组织领导，健全体制机制组好巡察队伍。巡察工作在学校党委领导下进行，建立健全巡察专门机构，配备好专门力量。巡察计划安排、巡察开展情况、结果运用、重要事项等必须向学校党委汇报，统一研究。

二要完善制度规范，把巡察的政治要求落实落细。要根据中央对巡视巡察工作的要求(例《中国共产党巡视工作条例》等)，聚焦"三个方面问题"，紧扣"六围绕、一加强"，结合各学校具体情况制定可操作性强的巡察制度和巡察观测指标体系，指标要根据情况变化不断完善，使巡察工作有规范、有抓手、可操作。

三要突出有高校特点的政治监督。在巡察中要突出学院党委贯彻执行党的教育方针，遵守党纪党规特别是遵守政治纪律的监督，着力查找"四个意识"不强、"两个维护"不力的问题和表现；突出对加强立德树人、师德师风建设的监督，着力查找重教学科研、轻思想政治、违反师德师风规定等问题和表现；

突出对落实意识形态责任制的监督，着力查找对课堂、讲座、报告、网站等意识形态阵地坚守不力的问题和表现；突出对落实中央八项规定精神、改进工作作风、反对"四风"的监督，特别是在形式主义官僚主义方面的问题和表现，重点关注发生在师生身边的具体表现。将这些重点方面纳入巡察观测指标体系，设计好观测点。对于发现的问题要抓住典型重拳整治。

四要坚持问题导向，多措并举发现问题。发现问题是巡察的生命线，要以党章党规党纪为立足点，通过听取汇报、开展谈话、查阅资料、走访了解、测试测评、民主座谈等多种方式发现问题。要始终坚持好政治定位，注重从业务工作中发现政治问题，从政治高度来描述问题。

五要精心做好反馈工作。原原本本向学校党委汇报巡察情况，认真研究确定巡察反馈意见。针对不同单位的问题性质和轻重程度，制定差异化反馈方案，采用集体反馈和个人反馈相结合的方式，严肃认真地向被巡察单位反馈，指出存在问题，提出整改意见要求。把反馈的过程作为运用"第一种形态"的过程，发挥其教育警示作用。对巡察中发现的共性问题要深入分析，提炼汇总，下发给全校各分党委对照自查整改，对学校管理制度层面管理漏洞，及时向相关职能部门反馈，督促其研究改进，充分发挥巡察结果的多重作用。

六要深入推进整改，形成闭环。对整改工作提出刚性要求，对被巡察单位的整改特别是重点问题整改情况跟进督促检查，对书面整改报告进行评审，必要时再深入被巡察单位了解真实整改情况，对整改不认真、不到位的单位主要负责人开展约谈甚至批评教育，进行再要求、再督促，确保整改取得实实在在成效。

## 2. 切实抓好监督工作，突出对重点领域的监督

按照监察法规定，高校校内所有公权力都应纳入监察监督范围，因此高校监督必须体现高校特色，突出重点，有所差异。

一要找准关键领域，重点发力。高校重点领域主要集中在管理人、财、物等业务的关键部门和重要岗位，包括招生录取、工程基建、采购招标、财务管理、科研经费、师德师风、干部人事、校办产业、后勤保障、附属医院等领域，这些领域的权力运行在很大程度上支配着高校的运转，也为校内、社会所广泛关注。纪检监察部门要紧盯上述领域，有针对性地采取不同方式开展监督，推动职能部门不断强化主体监督意识，看好自己的门，管好自己的人，防范廉洁风险。

二要探索有效方式，精准发力。要进一步纠正过去开展贴身式业务监督的做法，将阵线后移以通览全貌，从把握全局的高度开展监督。在实践中可采用专项监督、专项督查或者专项巡察的方式来实施监督。紧紧围绕学校中心工作，坚持问题导向，精心选择专项监督对象。一个时期内学校什么领域工作重要、什么领域问题较多、什么问题师生反映强烈就聚焦什么领域，不预设目标，不搞"大水漫灌"，做到有的放矢。针对不同领域的特点，结合初步掌握的情况，精心制订监督工作方案，通过督促自查、听取报告、查阅资料、开展谈话，走访了解、梳理问题线索等方式，重点查找职能部门主体责任落实情况、

内控机制及制度建设情况、人员遵规守纪情况、推进以往问题整改情况等方面存在的差距和不足。由于教师参与了教学科研项目、采购招标、招生、招聘、职称晋升、考核、评优等公权力的运行过程，也就成为被监督的对象，对这些人，主责部门要落实好监管责任，切实做好教育、管理和监督。

三要提升监督实效，持续发力。对纪检监察业务进行全面梳理，用"制度+科技"形式，细化、固化工作规范和业务流程。进一步加强党内监督制度，把民主生活会、述职述廉、诫勉谈话、廉政谈话、巡视监督等制度用活用足。针对发现的问题提出整改要求并追踪督促，对问题比较严重的严肃反馈，进行提醒谈话或者诫勉谈话，明确制度规定、红线底线，传导责任和压力。把握好"树木""森林"关系，强化标本兼治，努力推动源头治理，注意提炼分析带有共性的、体制机制层面的问题，向学校党委提出针对性强的意见建议，推动健全制度、堵塞漏洞。

### 3. 切实抓实日常监督，突出对"关键少数"的监督

一要加强对中层干部的日常监督。首先要做实教育。纪委应对新上岗领导干部及时开展小范围、常态化教育，亮纪律、明责任、严作风，对廉洁自律和落实好分管领域党风廉政建设责任提出明确要求。学校党委负责同志应对新上岗班子成员开展集体谈话，明责任、传压力、提要求。要抓住学校全面从严治党大会和警示教育大会契机，发挥好身边典型案例的警示效果。其次要加强工作调研约谈。纪检监察部门主要负责人要不定期深入重点领域部门，和负责人面对面交流，听取党风廉政

建设工作开展情况，对责任落实不到位等情况既提出督促，也了解业务部门在落实中存在的具体困难，尽力帮助解决。对有问题线索反映或监督检查中发现的问题，及时约谈相关部门负责人，开展提醒谈话或诫勉谈话，督促整改。

二要探索对同级党委班子成员的监督。首先要制定对班子成员进行监督的有效办法，通过在民主生活会上述职述廉、召开警示教育等专题民主生活会、个人事项及时报告、问题线索主动说明等方式实现对班子成员监督的刚性约束。其次要发挥好纪委书记作用，通过纪委书记约谈的方式加强对其他班子成员的监督。约谈要坚持问题导向，结合纪检监督中发现的重要问题或问题线索反映，及时开展约谈和警示提醒。最后要发挥群众监督的力量，领导班子建设重点在于领导班子的高度自觉和严格自律。例如，西安交通大学党委领导班子近年来进行了积极的探索，出台了党委印发的《约法十则》《用权十要》《遵守政治纪律的规定》等一系列办法，对班子成员提出了严格的纪律和作风要求。这些措施要求党委面向全校公开，接受师生群众监督，每学期在常委会上集体重温。这些办法出台以来，班子成员躬身力行，以上率下，不少院级党组织也效仿制定了班子成员的行为准则，学校风气和干事创业氛围得到了根本好转。

三要推动运用好监督执纪"第一种形态"。高校纪委要积极协助党委制定运用监督执纪"第一种形态"实施细则等制度，使运用第一种形态具体化、细致化、可操作。对院级党组织运用"第一种形态"提出刚性要求，拟定约谈计划，建立约谈工作档案，实行统计台账管理，定期向纪委报告运用情况。纪委要对开展情况进行分析研判，掌握总体情况，对于不重视、工作不认真的党组织负责人及时提出改进要求。

## (三)进一步改进工作作风，提高监督成效

"转职能、转方式"要想取得好的效果，还须转变作风来保障支撑。好的作风体现在工作方式方法中的一系列细节当中，其目的是为了追求监督工作的多重效果，使问题更准确、处理更恰当、对方更接受、风气更改善、事业更促进。

### 1. 严细深实，发现问题有准度

监督工作以发现问题为出发点，发现问题只有追求实事求是，准确无误，被监督对象才能真正认账接受、心悦诚服；否则，不但可能造成"冤假错案"，也会损害对方对组织的信任。这就要求纪检监察部门要深入基层、深入实际，做好问题的调研挖掘，用事实说话；听群众评价，不能凭感觉、靠想象。初步提出问题后，要充分征求相关部门和领导的意见，必要时可以提前和被监督对象见面前，深入交流听取对方意见，根据这些意见对问题修正完善，努力确保问题查找到位、描述准确。

### 2. 依规依纪，处置问题有精度

找准问题是前提，根据问题性质和程度需要作出恰当处理是关键，这决定着监督工作的成功与否。在作出处置时，必须坚持依规依纪，坚决摒弃靠经验、按惯例等思想，确保作出的处理经得起时间和历史的检验，办成"铁案"。这就要求纪检监

察干部深入钻研党纪党规和相关政策，必要时及时根据上位法的要求建立健全校内惩处相关制度，做到"有法可依"。

### 3. 强化留痕，倒查追溯有范度

提出的问题必须有坚实的证据作支撑，才能确保经得起检验。因此在监督中要注重加强留痕管理，完善过程资料，建立可倒查寻责的依据。一方面，要督促业务部门加强工作的留痕。纪检监察部门要督促主责部门梳理完善工作流程，做好重点工作、重要环节的过程记录，确保每个环节记录清楚，责任明确。另一方面，要加强监督工作的留痕。做好相关表格、谈话记录、调查(监督、巡察等)报告、反馈意见、处置措施、线索移交等方面的记录，对重要问题要保存好支撑材料，不断推动监督规范化。

### 4. 治病救人，亦法亦情有温度

处理人不是目的，纪检监察机关监督的根本目的在于通过恰当的处置唤醒被监督对象的党纪党规和党章意识，促使其重新回到正确的轨道上来，同时警示他人，以达到良好的教育效果。高校是教育培养人的地方，要体现出教育改造的作用。纪检监察工作既是严肃的政治工作，也是充满人情味的思想教育工作。因此纪检监察干部要深入开展思想政治工作，在冰冷的处分条文之外体现出可亲的一面，努力消除对象的抵触情绪，传递组织严管就是厚爱的温暖，使其放下思想包袱。在处置人时要努力追求多重效应，要坚持容错纠错、治病救人的精神，既坚持原则，又努力达到保护干部积极性、促进工作的效果。

5. 提高站位，强化素质有力度

随着"三转"的持续深化，全面从严治党不断向纵深推进，纪检监察工作的难度、挑战、工作量都在不断增加，对纪检监察干部的要求越来越高。高校纪检监察干部必须不断提高政治站位、提高综合素质。

一要提高政治站位，树立正确的理念和价值观。要忠诚爱校，坚定纪检工作的目的始终是为了教育、挽救同志，夯实党对学校工作的领导基础，营造风清气正的氛围，促进学校事业发展。要公正干净，己不正焉能正人？高校纪检干部特别是领导干部首先要自身绝对干净，严守纪律，公道正派。高校是熟人社会，面对政策和人情，纪检监察干部必须不枉不纵，坚持原则，敢于担当。纪检监察干部要为民务实，贯彻好群众路线，坚决纠正损害师生利益的不正之风，坚决克服形式主义和官僚主义，追求工作实效。

二要提高综合素质，坚决克服能力不足和本领恐慌。通过思想建设、作风建设、学习培训、实践锻炼等方式，摒弃不敢监督的思想，树立不监督是渎职、监督不到位是失职的意识。要加强学习，不断充实业务知识，增强执纪监督的综合素质，努力成为工作中的"多面手"。要提高发现问题的能力以更加精准地发现问题，要善于从业务中发现政治问题，从一件事件中发现多方面的问题；要提高归纳总结的能力以更恰当的描述问题；要提高综合驾驭的能力以协调联合各方力量，促使监督工作顺利开展、被监督对象乐于接受；要提高开拓创新能力以适应工作中不断面临新情况新问题，探索新的符合高校特点的解决方案，增强工作的预见性和前瞻性。

进入新时代后，为适应新形势，高校纪检监察部门要落实好中央、教育部党组要求，牢牢把握高校特点，坚持不懈改革创新，聚焦主业主责，探索有效方式，改进工作作风；把"三转"持续推向深入，把高校纪检监督工作做得更加科学、更加严密、更加有效；不断开创高校纪检监察工作新局面，为推进高校全面从严治党更加深入、营造更加风清气正的干事创业氛围、助力"双一流"大学目标早日实现作出新的贡献。

## 参考文献：

[1]刘志雄.把纪律和规矩挺在前面　深化高校纪委"三转"[J].教育纪检监察杂志，2016(1).

[2]刘江平.当前高校纪检监察部门"三转"存在的问题及对策研究[J].教育纪检监察杂志，2015(2).

[3]常业军.高校纪检监察部门推进"三转"工作的必要性以及存在的问题和建议[J].教育纪检监察杂志，2014(3).

[4]安徽省教育纪工委.关于高校纪检监察部门落实"三转"的思考和对策[J].教育纪检监察杂志，2015(1).

[5]李立新.用十九大精神引领教育纪检监察工作深入开展[N].中国教育报，2018-01-05.

[6]刘久远.聚焦第一职责　提高监督效能[N].中国纪检监察报，2018-08-23.

[7]周泽民. 聚焦"四种形态" 坚持和深化"三转"[N]. 中国纪检监察报, 2016-08-31.

[8]曹溢. 牢牢守住党章和宪法赋予的神圣职责[N]. 中国纪检监察报, 2018-06-28.

# 高校纪委在规范党内政治生活中的作用机制研究
## ——以宁夏大学为例

宁夏大学纪委
周运生　陈军胜　胡世恩　王思鸿　刘兆强

政治生活是人类生活的重要组成部分。作为政治主体参与资源分配的一种活动，政治生活要求政治主体特别是政党在政治参与中保持高度的政治自觉，主动承担政治责任，履行政治义务，加强自身建设，共同为实现善治目标而努力。加强政治生活，有助于提升竞争力与凝聚力的重要途径，是政党获取支持、实现发展的重要平台，也是政治文明建设的内在要求。

在革命、建设、改革的长期实践中，我们党不断加强和规范党内政治生活，形成了以实事求是、理论联系实际、密切联系群众、批评和自我批评、民主集中制、严明党的纪律等为主要内容的优良传统和基本规范。这些优良传统和基本规范都贯穿、蕴含和体现了政治性、时代性、原则性、战斗性的要求，为保障党内政治生活的健康有序开展，保持党的先进性和纯洁性，巩固党的团结统一，增强党的生机活力，提高党的创造力凝聚力战斗力，保证党在各个历史时期圆满完成中心任务发挥了重要作用。

作为马克思主义政党，必须旗帜鲜明地讲政治，严肃认真地开展党内政治生活。为更好地进行具有许多新的历史特点的伟大斗争、推进党的建设新的伟大工程、推进中国特色社会主义伟大事业，经受"四大考验"、克服"四种危险"，有必要制定新形势下党内政治生活的准则。同时，高校是国家教育的重要阵地，为进一步研究高校政治生活的建设情况，中国共产党宁夏大学纪律检查委员会对宁夏大学所属 24 个二级单位党委（含新华学院党委）贯彻落实《关于新形势下党内政治生活的若干准则》的情况以问卷调查与具体访谈相结合的方式进行了调研。本文从该准则的 12 个层面入手，得出如下结论：

# 一、高校纪委在坚定理性信念方面的作用机制

## （一）机制

宁夏大学纪委主要通过检查学习台账、抽查学习内容，参与现场学习，把学习情况作为领导干部考核的重要内容等机制监督各二级单位党委规范党内政治生活，坚定党员理性信念。

各二级单位党委主要通过"三会一课"集体学习、个别谈心交心、互联网公众号学习、领导干部定期参加党校学习等机制坚定党员理想信念。

## （二）成就

从问卷调查来看，高校纪委在坚定党员理想信念方面发挥了基础性作用。在问卷调研中，高校纪委采取了多元化手段（见图1），除了常规的"三会一课"集体学习之外，高校纪委充分利用个别交心谈心、互联网公众号学习、领导干部定期参加党校学习以及其他多样化手段，为促进高校稳定的政治生活发挥了基础性作用。

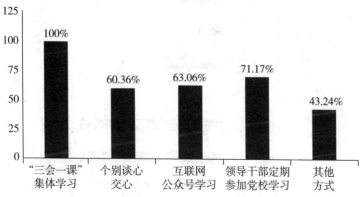

图1　高校纪委在坚定党员理想信念方面采取的主要学习方式

同时，超过50%的受访者认为所在单位党员在理想信念方面不存在问题。这说明当前宁夏大学党委及各二级单位党委的现有机制在坚定党员理想信念方面是有效的、可行的。

## （三）存在的问题

从调查问卷来看，部分受访者认为当前部分党员存在理想信念动摇的问题，主要表现为宗旨意识淡化，个人主义、自由主义严重，不能正确看待改革开放和市场化进程中出现的问题等，反映出当前党建工作的复杂性、严峻性。

例如，问卷中反映，高校内仍然较多的存在宗旨意识淡化和个人主义、自由主义散漫的问题(见图2)，需要进一步改善。例如，在访谈中，普遍认为应当进一步加强教育效果，减少形式化教育，灵活运用学习方式，构建坚定理想信念建设的长效机制。

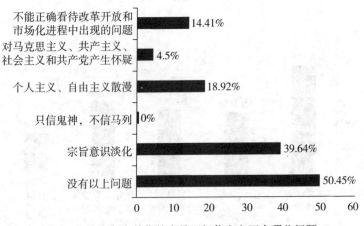

图2　您认为所在单位的党员理想信念方面有哪些问题

## (四)建议

在坚持推进和完善现有机制的基础上，进一步丰富教育形式，开展相应专题教育活动，加强实践教育，加强理论与实际相结合的学习；纪委加强指导，加强监督执纪力度等。理想信念教育既是一个长期的过程，更是一项经常性的工作，需要各级党组织以上率下地抓、统筹协调地抓、坚持不懈地抓。同时，引导党员干部坚定理想信念，应该坚持以人为本，坚持理性思维和利益导向，从有利于实现个人价值与发展出发，以增强党员干部的内生动力。要注重把人文关怀和心理疏导融入理想信念教育之中，避免教育对象产生"被灌输感"和"距离感"。要进一步丰富理想信念教育的内涵，拓宽理想信念教育的视野，切入个体的心理世界，激发个体的心灵共鸣，实施"人性化"教育，营造舒心的环境，增强教育的"人情味"。

# 二、 坚持党的基本路线方面

## （一）机制

宁夏大学纪委主要通过检查学习台账、抽查学习内容，参与现场学习，把学习情况作为领导干部考核的重要内容等机制监督各二级单位党委规范党内政治生活，坚持党的基本路线。

各二级单位党委主要通过"三会一课"集体学习、个别谈心交心、互联网公众号学习、领导干部定期参加党校学习等机制深化党员思想认识，坚持党的基本路线。

对否定党的领导、否定我国社会主义制度、否定马克思主义等错误倾向没有旗帜鲜明地反对和抵制，态度暧昧，不坚持党的基本路线的普通党员与党员干部进行批评教育、诫勉谈话；经教育仍不改正的，按照《中国共产党党章》《中国共产党纪律处分条例》等有关规定予以党纪处分。

## (二)成就

从调查与访谈来看，暂未发现宁夏大学各单位党员在坚持党的基本路线方面存在明显问题。这说明当前宁夏大学纪委及各二级单位党委的现有机制在坚持党的基本路线方面是有效的、可行的。总体而言，该校在坚持党的基本路线方面获得了较好的成效。在调研中，100%的受访者认为，高校能够坚持党的基本路线，高校没有违反党的基本路线的情况发生。同时，一些受访者也提出，在教育党员方面，需要将反对各种错误思想同马克思主义正面宣传教育结合起来，在批判和清理反马克思错误思想影响的同时，引导和组织广大党员和群众加强马克思理论学习。要提高广大干部群众的马克思主义理论水平和抵制错误思潮的能力作为；同时，需要坚持教育，保证党员思想水平的长效性。

# 三、 坚决维护党中央权威方面

## (一)机制

宁夏大学纪委主要通过检查学习台账、抽查学习内容，参与现场学习，把学习情况作为领导干部考核的重要内容等机制监督各二级单位党委规范党内政治生活，坚决维护党中央权威。

各二级单位党委主要通过"三会一课"集体学习、个别谈心交心、互联网公众号学习、领导干部定期参加党校学习等学习方式深化党员思想认识，坚决维护党中央权威。

对存在个人主义、分散主义、自由主义、本位主义等不坚决维护党中央权威的普通党员与党员干部，采取组织学习、诫勉谈话等教育方式；经教育仍不改正的，按照《中国共产党党章》《中国共产党纪律处分条例》等有关规定予以党纪处分。

## (二)成就

从调查与访谈来看，暂未发现宁夏大学各单位党员在维护党中央权威方面存在明显问题。这说明当前宁夏大学党委及各二级单位党委的现有机制在维护党中央权威方面是有效的、可行的。

## (三)问题及对策

从问卷和访谈中，调研组认为，在维护党中央权威方面需要进一步扩大管理范围，施行多元化管理模式。根据问卷研究，部分群众建议纪委定期听取各单位党政主要负责人意见，重点了解班子成员的政治纪律、组织纪律和工作作风情况。同时，要坚决按照《中国共产党纪律处分条例》等有关规定执行，加强教育、规范党内政生活，加大对不合格党员的处置力度，加强基层党支部建设。

# 四、 严明党的政治纪律方面

## (一)机制

宁夏大学纪委主要通过检查学习台账、抽查学习内容，参与现场学习，把学习情况作为领导干部考核的重要内容等机制监督各二级单位党委规范党内政治生活，严明党的政治纪律。

各二级单位党委主要通过反腐倡廉警示教育、党员参与宗教活动专项整治教育、其他学习活动等方式来深化党员思想认识，严明党的政治纪律。

对党员干部特别是领导干部在党内搞小圈子、小团伙、投机取巧、拉帮结派和散布违背党的理论和路线方针政策的言论或搞迷信活动、信教等违反党的政治纪律的普通党员与党员干部采取个别谈心、组织学习、批评教育等教育方式；经教育仍不改正的按照《中国共产党党章》《中国共产党纪律处分条例》等有关规定给予党纪处分。

## （二）成就

从调查与访谈来看，暂未发现宁夏大学各单位党员在严明党的政治纪律方面存在明显问题。这说明当前宁夏大学党委及各二级单位党委的现有机制在严明党的政治纪律方面是有效的、可行的。

调研认为，在高校内，能够有效严明党的政治纪律。在调研过程中，受访者表示，所在单位党员干部及普通党员如果存在个人主义、分散主义、自由主义、本位主义等不坚决维护党中央权威的情形，纪委都能够通过积极干预和教育，确保严明党的纪律。通过纪委的努力，在组织处理或给予相应的纪律处分、组织谈话，诫勉谈话、党纪处理、民主生活会进行批评与自我批评，在全体教工大会上做专门教育动员等多元化方式的配合下，各单位能够通过体制机制建设，使每个党员都能够在监督下自觉维护党的政治纪律。

# 五、 保持党同人民群众的血肉联系方面

## （一）机制

宁夏大学纪委及各二级单位党委主要通过定期接待群众来访、同干部群众谈心、群众满意度测评等机制保持党同人民群众的血肉联系。

## （二）成就

从调查与访谈来看，超过70%的受访者认为相关联系机制落实到位；超过93%的受访者认为纪委能够及时发挥监督作用，回应基层和群众反映的实际问题。这说明当前宁夏大学党委及各二级单位党委现有机制在坚定党同人民群众的血肉联系方面是有效的、可行的。总体而言，纪委能够较好坚持与人民群众的血肉联系。在受访者的抽样问卷中，关于定期接待群众来访、同干部群众谈心、群众满意度测评等制度的贯彻落实相对较好。仅有1.8%的群众认为，相应的政策没有落实到位(见图3)。

同时，在高校中，纪委具有良好的反应机制，能够及时、准确地了解基层和群众的实际反应，对群众的实际情况有较为真实的了解和回应。纪委能够把人民拥护不拥护、赞成不赞成、

高兴不高兴、答应不答应作为衡量一切工作得失的根本标准，这也反映了高校纪委较高的联系水平和领导能力（见图4）。

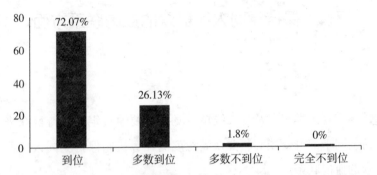

图3　在您的工作单位内，关于定期接待群众来访、同干部群众谈心、群众满意度测评等制度的贯彻落实如何

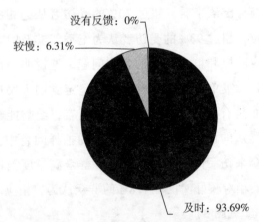

图4　纪委能够及时发挥监督作用，回应基层和群众反映的实际问题吗

# 六、 坚持民主集中制， 发扬党内民主和保障党员权利

## (一)机制

宁夏大学党委、纪委及各二级党委制定了一系列议事规则与决策程序等贯彻落实党的民主集中制，发扬党内民主和保障党员权利。

## (二)成就

从调查与访谈来看，超过57%的受访者表示自己的知情权、参与权、选举权、监督权等民主权利总是能够得到有效行使；超过40%的受访者认为自己的知情权、参与权、选举权、监督权等民主权利多数能够得到有效行使。绝大多数受访者认为党内的日常议事规则和决策程序无重新规范的必要，只需根据实际施行情况作小范围调整即可。超过70%的受访者明确表示本单位没有"家长制""一言堂"问题。这说明当前宁夏大学党委及各二级单位党委制定的议事规则与决策程序是有效的、可行的。

在保持党同人民群众的血肉联系方面，高校纪委起到重要督促作用。"政之所兴在顺民心，政之所废在逆民心。"一个政党，一个政权，其前途命运最终取决于人心向背。在高校中，大约90%的群众认为，党员干部能够及时关心群众"关心什么、期盼什么"的问题，让群众能够有实实在在的获得感，感到自

己的权利得到保障。受访者认为，多数党员干部能够牢固树立群众观点，清醒认识密切联系群众是无产阶级政党的执政基础和力量源泉，紧密联系群众，这是高校纪委的工作成绩。总体上，高校纪委能够在纠正作风不实、不正和行为不廉上取得实效，在提高群众工作能力、密切党群干群关系、全心全意为人民服务上取得实效。

## (三)问题

总体上，高校党委在坚持民主集中制方面仍有待加强。在对受访者的问卷调研中发现，在日常党内政治生活中，受访者的知情权、参与权、选举权、监督权还不能完全行使。这主要体现在两个方面：一方面，有大约40%的受访者认为，自身没有完全地参与到日常决策中去，许多民主权利还不能完全地行使(见图5)。这些权利是民主集中制的保障，民主集中制是中国共产党在长期革命、建设和改革实践中始终坚持的根本组织

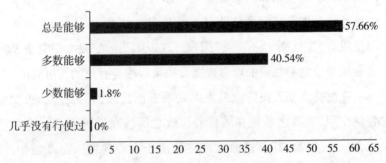

图5 在日常党内政治生活中，您的知情权、参与权、选举权、监督权能够得到有效行使吗

原则，是党的群众路线在党的生活中的运用，是党内政治生活正常开展的重要制度保障。因此，在未来的制度建设上，高校党委在这一方面还需积极加强；另一方面，在日常的议事程序和决策程序上，高校还普遍存在不够严谨、有待加强的问题（见图6）。多数受访者期待能够在这个方面进一步建设体制机制，促进民主集中的有效发展。

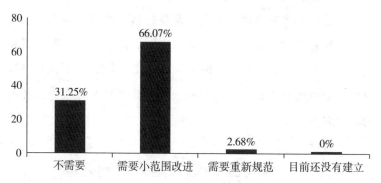

图6　您认为学校党内的日常议事规则和决策程序需要进一步规范吗

## （四）建议

发展党内民主的实质就是保障党员主体地位，保障广大党员在党内生活中的主导地位。在新形势下，要以加强高校基层党组织建设为重点，创新思路，完善措施，积极探索推进党务公开、扩大党内民主的新途径、新方法，保障党员的主体地位，从落实党员权利入手，真正发展党内民主。主要有以下建议：

一是落实党员知情权。要扩大党员知情权的行使范围，建立健全相关制度和改革完善相关环节，从制度上保障党员对党内事务有更多的知情和了解。从发展的实际出发，不断完善措施，拓宽途径，推动党务公开工作落到实处。

二是落实党员参与权。要不断地探索新形势下健全党员民主权利保障制度，进一步拓宽党员行使民主权利、参与党内生活的渠道，让党员真正参与党内生活，把党员的知情权落到实处，实现党员主体地位保障制度化。

三是纪委要加强对民主集中制执行情况的监督检查，及时纠偏。对党务公开制度、"三重一大"决策等情况加强监督检查，注重对一把手的监督，保证领导干部不擅权、不独断。同时要充分调动群众的主动性和积极性，让群众监督权力，让权力在阳光下运行。

# 七、 坚持正确选人用人导向方面

## （一）机制

在选人用人方面，宁夏大学党委及各二级党委制定了严格的组织程序，确立了鲜明的用人原则。

## （二）成就

目前宁夏大学在选人用人暂未发现明显问题，这说明当前宁夏大学党委及各二级单位党委在选人用人方面的机制是可行的、有效的。从课题组调研来看，60.71%的受访者认为，在对干部的提拔和任免过程中，高校具有严格的组织程序和鲜明的用人原则；34.82%的群众认为，多数情况下，组织程序和用人原则是鲜明的。

## (三)问题与完善建议

通过调查与访谈，受访者的完善建议主要有：拓宽选人、用人的范围；加强对群众评价的考察；加强对选拔人员日常"小问题"的了解与监督等。在选人用人的机制上，受访者仍然认为，党委应当在多个方面进一步拓展(见图7)。例如，在加强群众评价方面，有73.21%的受访者认为需要进一步加强；同时，70.54%的群众也认为应当进一步拓宽选人、用人的范围，

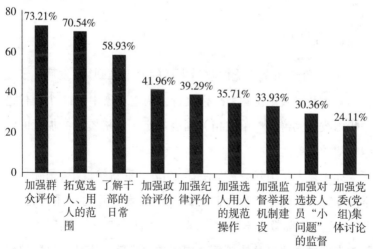

图7　在日常用人监督中，您认为哪些对党员干部的
选拔、任命需要进一步加强

加强走访；有 58.93%的群众，认为应当完善体制机制，让组织和群众更加了解干部的日常生活，这样对保持党内的联系、完善用人导向都有重要的指引作用。最后，对习近平总书记反复强调的"七个有之"问题要高度重视。从本质上讲，"七个有之"是政治问题，不能有半点含糊和懈怠。从近年来的典型案例来看，"七个有之"问题，是思想的变质，是政治信仰的崩塌。因此，新条例的修改，体现了党对此类问题的充分认识和高度警惕，切实增强了对问题的防范，进一步加强了党纪的政治性、针对性与时代担当。

# 八、 严格党的组织生活制度方面

## (一)机制

在《关于新形势下党内政治生活的若干准则》印发后，宁夏大学党委及二级单位党委严格执行，调查对象中，11 个单位进一步修改、完善了本单位相关制度规定，严格履行参加党的组织生活的义务。

如宁夏大学国际教育学院在 2017 年重新修订了《国际教育学院党支部党员学习教育制度》《国际教育学院党支部"三会一课"制度》《国际教育学院党支部民主生活会制度》《国际教育学院党支部民主评议党员制度》《国际教育学院党支部党风廉政建设制度》《国际教育学院党支部党费收缴制度》。宁夏大学人文学院修订完善了《人文学院党政联席会议议事制度》《人文学院院务公开实施办法》《人文学院领导班子民主生活会若干规定》。宁夏大学政法学院修订完善了《政法学院党委会议议事规则》《政法学院党政联席会议议事规则》，等等。

## （二）成就

宁夏大学党委及各二级学院党委组织生活有条不紊，部分单位结合自身特点与优势，创新了党组织生活方式。如：有的学院海外访学学生相对集中，建立了海外党小组，为访学学生提供思想组织保障，严防境外宗教势力渗透；有的学院对出国进修、访学的师生党员，在出国前、出国中和回国后及时加强思想教育；有的学院开设了党员"微党课"。

## （三）问题

各二级单位党委查找了自身存在的问题，其中党组织生活形式单一、"三会一课"质量不高等问题具有普遍性。99%的受访者认为高校在按照党组织生活制度参加党的组织生活，但仍有极少数未严格执行党内组织生活制度，党组织应对不经常参加组织生活、不按期交纳党费、不认真完成党组织交办任务、党员意识和党的意识淡化、先锋模范作用发挥不好的党员，及时进行提醒和帮助。党组织要创新党的组织生活的内容形式、途径办法，融入日常、抓在经常；突出示范性，以上率下，抓住"关键少数"，推动党员领导干部增强自律意识、标杆意识、表率意识，发挥示范带动作用；突出战斗性，严明党的纪律，坚持真理、修正错误，勇于开展批评和自我批评。

## (四)建议

(1)充分利用现代科技,结合各自专业优势,创新党组织生活形式。

(2)抓关键少数,提高基层党支部书记等人的业务水平和党务工作能力,注重通过关键少数推动党组织生活形式多样化,提高"三会一课"质量。

(3)推进全面从严治党向基层延伸,从严格组织生活制度抓起做起;召开会议严肃规范,过党日要提前科学筹划;上党课要注重解决问题,报告工作要自觉接受监督;民主生活要敢于掏心见胆,民主评议要突出激励鞭策。

# 九、 开展批评和自我批评方面

## (一)机制

宁夏大学党委及各二级单位党委主要通过民主生活会、民主评议党员等多种形式组织党员围绕党员的作风、纪律、思想、学习、工作、生活等各方面,特别是围绕执行中央八项规定精神与反"四风"开展批评和自我批评。

## (二)成就

从调查与访谈来看,超过88%的受访者表示能认真对待党组织开展批评与自我批评的活动;超过70%的受访者认为批评与自我批评发挥作用大。

各单位反映通过批评与自我批评,使普通党员的组织纪律观念显著增强,工作积极性主动性普遍提高,党员的先锋模范带头作用发挥得更加充分;使班子成员廉洁自律意识进一步增强,凝聚力和战斗力进一步增强,有力地推进了学院各项工作的有效开展。

### (三)问题

在调研中发现,71%的受访者认为民主生活会开展批评与自我批评中"辣味"不足(见图8)。开好民主生活会,最重要的是把批评和自我批评这个"利器"运用到位。从实际情况看,仍有部分党员领导干部批评与自我批评"蜻蜓点水"、不深刻;不能够拿起批评的武器,开会不疼不痒、不咸不淡,所提意见"辣味"不足。批评和自我批评重在真刀真枪,只有让批评和自

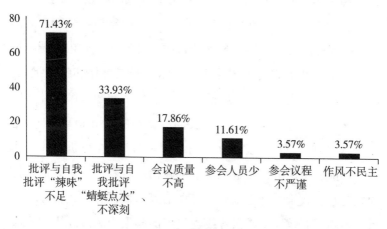

图8 民主生活会的开展是否存在以上情况

我批评恢复本来面目，多些面红耳赤，多些"辣味"，才能起到
"开窍通络、刮骨疗毒"的功效，才能让党员干部的思想和灵魂
经受深刻的洗礼，确保民主生活会高标准，教育实践活动高
质量。

### （四）完善建议

（1）坚持正确的立场。对问题进行实事求是的科学分析，
是什么问题就是什么问题，既不夸大也不缩小，更不能捕风捉
影，强加于人。

（2）树立正确的态度。坚持高标准、严要求，讲究方式方
法，把科学性和严肃性结合起来。自我批评要在学习、提高和
听取群众意见的基础上，从自我剖析入手，用一分为二的观点
正视自己的缺点和不足，找准和抓住自己在党性党风方面存在
的突出问题，从世界观、人生观上查找深刻的思想根源。

（3）注意学习。要具备与工作相适应的素质、品行，必须
坚持不懈地学习。正确的批评和自我批评是解决党内矛盾、增
强党的生机和活力的重要法宝。在党内开展批评和自我批评，
既要坚持从个人和单位的实际出发，有什么问题就解决什么问
题，又要坚持抓主要矛盾、主要问题，不能不分轻重，"眉毛
胡子一把抓"，更不能"捡了芝麻丢了西瓜"。在分析具体问题
时，不能就事论事，而是要善于从政治上观察、分析。把坚持
原则与掌握政策结合起来，才能真正提高批评与自我批评的质
量，增强其有效性，增强各级党组织的凝聚力和战斗力，确保
政令畅通，确保单位建设的方向正确。

# 十、 加强对权力运行的制约和监督方面

## (一)机制

在宁夏大学纪委的监督领导下，各二级单位为加强对权力运行的制约和监督，普遍完善了党政联席会议制度、财务会签制度、一岗双责制度等。

## (二)成就

从调查与访谈来看，超过84%的受访者表示自己习惯在受监督和约束的环境中工作生活；超过72%的受访者认为院校党委主体责任和纪委监督责任落实到位。

在宁夏大学现有24个二级单位中，20个单位认为在对权力运行的制约和监督方面不存在空白。

## (三)问题

个别二级单位党委认为科研经费的监督管理方面有待进一步完善，有些监督流于形式。同时，尚需加强对权力的运行与监督宁夏大学内部对监督执纪"四种形态"内容较清楚，但是还有40%的人对新修订的《中国共产党纪律处分条例》只对部分内容清楚(见图9)。由此可见，宁夏大学在修订时间长的规章制度宣传教育充分，对新修订的党内法律法规的宣传力度仍需加强。强化对权力的运行与监督，要把上级对下级、同级之间以

及下级对上级的监督充分调动起来。要严守党的政治纪律和政治规矩，牢固树立政治意识、大局意识、核心意识、看齐意识，始终在思想上、政治上、行动上同以习近平同志为核心的党中央保持高度一致，维护好党中央权威和集中统一领导。要继承和发扬党内政治生活优良传统，着力提高执政能力和领导水平，坚决纠正与党的大政方针相违背的问题，着力增强抵御风险和拒腐防变能力。这就要快速学习、快速领悟新修订的党内规章制度，唯此才能将其作为行动指南去践行。

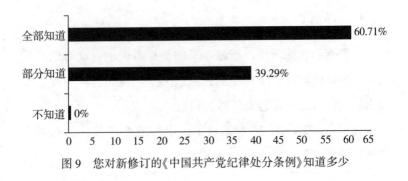

图9　您对新修订的《中国共产党纪律处分条例》知道多少

## (四)建议

根据具体情况，完善相关监督举措。

(1)加强制度建设。《关于新形势下党内政治生活的若干准则》提出了加强权力运行的制约和监督机制几个关键制度：形成有权必有责、用权必担责、滥权必追责的制度安排；实行权力清单制度；健全不当用权问责机制。这几项制度对于把权力关进笼子，将会对进一步强化权责对应起到十分重要的作用。

（2）增强法治思维和依法办事能力。高校党委、纪委要带头依法办事，带头遵守法律，始终对法律怀有敬畏之心，牢固确立法律红线不能触碰、法律底线不能逾越的观念，明确权力界限，做到可以行使的权力按规则正确行使，该由上级组织行使的权力下级组织不能行使，该由领导班子集体行使的权力班子成员个人不能擅自行使，不该由自己行使的权力决不能行使。

（3）完善监督机制，形成监督合力。领导干部手握权力，掌握大量社会资源，如果缺乏健全完善的用权法规制度，权力失去约束、不受监督，必然导致权力滥用、潜规则盛行，最终导致腐败。统筹应当治于"心"，严于"规"，科学把握习近平新时代的理特征，进一步强化忧患意识，增强管党治党责任感和自觉性。同时，进一步强化问题导向，切实解决存在的突出问题，进而把全面从严治党切实推向纵深，使管党治党常态化、制度化，这些都是未来高校党的纪律发展的重要纪律利器。

# 十一、 保持清正廉洁的政治本色

## （一）机制

在宁夏大学纪委的监督领导下，各二级单位主要通过教职工政治理论学习、学院中心组学习、微信平台和公众号廉洁文化教育及廉政专题教育等方式强化对党员和党员干部的廉政教育，保持清正廉洁的政治本色。

## (二)成就

党的十八大以来，各单位党员与党员干部整体上保持住了清正廉洁的政治本色，在全校 24 个二级单位中，只有两个单位各有一人受到纪律处分和问责，其他单位无人受纪律处分和问责。

调研数据显示，84%的人已习惯在接受监督和约束的环境中工作和生活，可见自党的十八大以来，我们党着眼于新的形势任务，把全面从严治党纳入"四个全面"战略布局，把党风廉政建设和反腐败斗争作为全面从严治党的重要内容，着力解决管党治党失之于宽、失之于松、失之于软的问题，坚持反腐败无禁区、全覆盖、零容忍，着力构建不敢腐、不能腐、不想腐的体制机制(见图 10)。

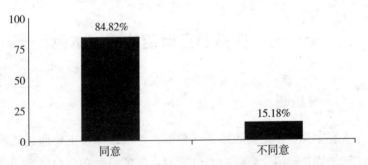

图 10　您是否同意在院校开展专项执纪监督检查，提高院校政治生态

严明党的政治纪律，夯实管党治党责任，正风肃纪，反腐惩恶，充分发挥巡视利剑作用，对各级党组织进行全面扫描，

坚定不移"打虎""拍蝇""猎狐"，以雷霆万钧之势惩治腐败，不遗余力地加强追逃追赃工作。可以说，不敢腐的目标初步实现，不能腐的笼子越扎越牢，不想腐的堤坝正在构筑，反腐败斗争压倒性态势已经形成并巩固发展。但目前管党治党宽松软问题尚未根本消除，党风廉政建设和反腐败斗争形势依然严峻复杂。这就要求我们必须乘势而上，坚持以反腐败永远在路上的坚韧和执着，深化标本兼治，强化不敢腐的震慑，扎牢不能腐的笼子，增强不想腐的自觉，巩固和拓展反腐败斗争的成果，保证干部清正、政府清廉、政治清明，确保党和国家长治久安。

# 十二、结　语

办好中国的事情，关键在党，关键在党要管党、从严治党。党要管党必须从党内政治生活管起，从严治党必须从党内政治生活严起。全面从严治党，党委负主体责任，纪委负监督责任，严肃党内政治生活是党委和纪委共同的责任。

纪委必须加强对党内政治生活的监督检查，切实把纪律挺在前面，要强化纪律和规矩意识，以纪律为尺子规范行为，促进党员干部严守"六大纪律"，严格党内生活规范，推动党内政治生活不断严肃，实现管党治党从宽松软走向严紧硬。

加强对党内政治生活的监督，要抓好《关于新形势下党内政治生活的若干准则》《中国共产党纪律处分条例》的贯彻执行，强化监督检查，用好校内巡察的利剑，列入巡察内容，对检查巡察中发现的打折扣、搞变通、恶意规避等行为严肃查处，不搞法不责众和下不为例，坚决防止"破窗效应"，探索对同级党委特别是一把手监督的有效方式方法，破解同级监督难题；要突出领导干部这个"关键少数"，强化对"关键少数"的监督，把对领导干部特别是一把手履责担当情况的监督检查作为硬任务刚性执行；要发挥问责的倒逼作用，建立健全问责机制，形成责任追究闭环体系，对党内政治生活不严肃、不规范、不正常的，严肃追责问责，持续释放有责必担、失责必问、问责必严的强烈信号。

# 高校违纪案件发生特点、原因及治理对策

✍ 中山大学纪委

何晓钟　彭　懿　林娟霞　范星星　张宝铸

党的十八大以来，在教育部党组和教育部纪检监察组的正确领导下，各高校按照中央全面从严治党要求，不断加强高校党风廉政建设和反腐败工作，取得了扎实成效，但是也要清醒看到，高校党风廉政建设和反腐败斗争远未到大功告成的时候，高校违纪违规乃至违法案件仍时有发生。对这些案件进行梳理总结，有助于找准当前高校存在的普遍性、重点性和难点性问题，有助于高校预防腐败工作和廉政风险工作更加有的放矢，有助于高校纪委监督执纪问责工作更有针对性和有效性，有助于新时代高校全面从严治党工作取得更大成效。

有鉴于此，笔者团队搜集了中央纪委国家监委"审查调查"栏目通报的有关高校领导干部违纪案件，教育部通报的高校党员干部教师违纪案件、相关领导讲话稿，高校廉政建设理论文章等相关文件资料，为概括和分析十八大以来高校违纪案件的

发生特点、原因及治理对策奠定基础。

另外，利用高校纪委调查审查培训班、各高校互相交流的良好时机，笔者团队与浙江大学、华中科技大学、山东大学、西北大学、中央民族大学、华南理工大学、南方科技大学、湖南大学、广西大学等 10 多所高校的纪检监察干部同行进行了深入访谈，探讨了十八大以来高校查处违纪案件情况，以共商治理对策。

项目组从高校违纪违法案件数量、案件主体、案发领域、违纪类别等维度设计了调研问卷，分别发放给复旦大学、南京大学、吉林大学、东南大学、西安交通大学等 10 多所高校纪委，通过横向对比研究分析当前高校违纪案件发生特点、原因及治理对策。

# 一、 高校违纪违法案件的发生特点

## （一）高校违纪违法案件数量总体上呈上升态势

十八大以来，党中央重拳反腐，"打虎"无禁区、"拍蝇"零容忍，各高校纪委坚决贯彻落实党中央全面从严治党决策部署，坚持有案必查、有腐必惩，以坚决的态度减少腐败存量。不管是从本校查处的案件情况来看，还是从笔者调研、访谈的高校情况来看，以及教育部有关领导讲话情况来看，全国高校查处的违纪违法案件数量呈上升态势。这印证了中央对形势的判断：高校绝非净土，展现了十八大以来高校纪检监察所取得的成绩，也体现了高校纪检监察工作任务量的加大。正如教育部党组书记、部长陈宝生同志所讲：这些典型案例，既是我们推进党风廉政建设和反腐败工作的"成绩单"，更是发人深省的"警示录"，我们要直面问题、深入剖析、深刻反思。①

## （二）违纪违法案件主体呈发散态势。

一是"一把手"违纪问题依然突出。仅在 2018 年，中央纪委国家监委"审查调查"栏目就曝光了 12 起高校一把手违纪案例，如四川师范大学原党委书记被"双开"、山东科技大学原校长被"双开"、韶关学院原党委书记被"双开"等。高校"一把手"成为腐败的高危群体之一。

二是涉案人员从传统的关键岗位和重点部门的党政管理干部向一线工作人员蔓延。从调研情况来看，十八大以来，各高校抓住关键少数、抓住重点，加强对学校中层领导干部的教育、管理和监督，取得了一定的成效，党政管理干部违纪问题相对减少，而一线工作人员违纪案件相对高发。以中山大学为例，十八大以来该校纪委立案 21 件，涉案人员中教师 15 人，占比 71%。

三是高校少数单位和党员干部教师特权思想严重，十八大后仍不收敛、不收手，顶风违纪。从中纪委通报的案件来看，凡是因贪污、腐败治罪的高校领导干部，都或多或少存在"四风"问题。如上海海洋大学原副校长李某因违反中央八项规定精神，违规出入私人会所，违规接受宴请等严重违纪违法问题

---

① 陈宝生. 陈宝生同志在教育部直属系统警示教育大会上的讲话[R]. 教育部通报，2018-11-1.

被开除党籍和公职。2017 年 8 月，教育部党组书面发文通报了多起中管高校党员干部教师违反中央八项规定精神问题典型案例。这里面既有与地方党政机关存在共性的一些"四风"问题，也有高校特有的不正之风。2018 年 10 月，教育部纪检监察组查处通报了多起特权思想严重，利用职权或职务上的影响为子女入学就职谋取不正当利益等方面的典型案件。

## (三)违纪违法的领域呈蔓延趋势

从以上各种分析可知，目前违纪违法案件案发领域从传统的八大领域向意识形态、师德师风等领域蔓延，相应地违纪类别从以廉洁纪律为主向政治纪律、生活纪律六大纪律蔓延。

一是人、财、物等重点领域始终是高校违纪案件的高发区。高校违纪案件从招生录取到选人用人，从物资采购到财务管理，从后勤基建到校办企业，几乎涵盖了高校涉及人、财、物的所有的关键领域和重点环节。中央第 12 轮巡视组对 29 所中管高校进行了巡视，反馈各高校普遍存在如下问题：一些重要岗位和重点领域廉洁风险大，招生录取、选人用人、科研经费、总务后勤、基建工程、校办企业、对外合作办学等廉洁风险突出，附属医院违纪违法问题多发。以基建工程为例，《法制晚报》曾刊文：全国教育系统职务犯罪案件中，基建工程领域案件占 24%。北京航空航天大学廉政课题《高校基建领域廉政风险防控机制研究》显示，高校基建腐败有多达 58 个廉政风险点。①

---

① 汪红. 基建成高校腐败"重灾区"：总投资动辄几亿[N]. 法制晚报，2015-02-5.

二是科研领域违纪违规案件多发易发。常见的作案手段有：不如实申报关联关系，违规转拨科研经费，通过外协方式将科研经费转入自己或亲戚的公司；虚报冒领助研津贴，虚列学生姓名领取助研津贴，或者先把助研津贴发到学生的银行卡里，再让学生取出来交还给老师；用非真实科研业务的交通、设备等发票套取科研经费等。如浙江大学环境与资源学院的常务副院长陈英旭授意其博士生陆续以开具虚假发票、编造虚假合同、编制虚假账目等手段，将1022.6646万元专项科研经费套取或者变现非法占为己有。①

三是政治纪律和意识形态领域违纪案件时有发生。有的在课堂上口无遮拦，对一些已有定论的政治问题发表不当言论；有的在教学活动中把关不严，邀请一些敏感人士到学校来做讲座；有的在微信朋友圈对国家有关部门关于互联网管理的举措及政策规定等发表不当评论，对网民造成一定误导；有的在课程考试出题中存在政治偏差，并对存在不当言论的学生答卷打高分等。如湘潭大学文学与新闻学院教师成某在全校公共选修课的授课中，插播引用国外媒体大量不实资料图片和报道，发表了一系列丑化党和国家领导人形象、曲解党和国家政策、诋毁英雄模范人物等不当和错误言论，严重违反政治纪律，在学生中造成了严重不良影响，受到留党察看两年处分、工资等级

---

① 叶铁桥、刘星. 亿元课题经费被控贪污千万——浙江大学教授陈英旭受审[N]. 中国青年报, 2013-07-29.

由专业技术 10 级降低至专业技术 12 级的处分。①

四是师德师风领域违纪案件呈上升态势。反映高校师生不正当关系问题近年来逐渐成为信访举报热点和新闻媒体焦点话题，特别是接连曝光了多起校园性骚扰案件，给高校这块教书育人的神圣之地带来了极大的负面影响。一些教师与异性学生交往不当，包括用微信或短信给女学生发骚扰性语言，与学生聚餐饮酒时公开搂抱女学生，与学生发生婚外恋甚至不正当关系等。

# 二、 高校违纪案件发生的原因分析

腐败是一个复杂的社会问题，当前我国高等教育正处于改革的攻坚期、发展的关键期，难度大、压力大、矛盾也多，发生在高校的违纪违法问题不是偶然和孤立的，既有深刻的社会背景因素，也有学校内部管理及个体本身等因素。

## (一)社会大环境的影响

高校不是世外桃源，社会上有的一切，都影响着高校内部的"小气候"和"小环境"。首先，党风政风中的不良倾向波及教育系统。天涯无净土，官场中的追名逐利、急功近利、形式主义、官僚主义、表面文章、官本位等现象对教育的影响更为直

---

① 湖南省纪委驻湖南省教育厅纪检组. 驻省教育厅纪检组通报 18 起高校干部职工违纪违法典型案例[EB/OL]. [2019-10-17]. 三湘风纪网，http://www.sxfj.gov.cn/news/10977618.html#loopstart.

接和明显。其次，西方社会不良思潮对高校的影响。西方腐朽文化在高校的交流与渗透，影响到师生的理想信念和价值取向，例如拜金主义、个人主义、享乐主义，使得部分领导干部和教师的思想受到侵蚀。再次，西方意识形态的渗透。一些西方国家利用文化全球化与各种社会思潮不断对我国实施"和平演变"的战略，对我国社会主义主流意识形态安全带来消极影响，一些高校教师在原则问题和大是大非问题上立场不坚定。

## (二)高校内部治理不完善

首先，学术权力与行政权力边界不清晰的问题始终未能解决。在高等教育转向内涵发展的道路中，高校内部治理的问题逐渐凸显，其中一个重要问题是高校高度行政化的弊端，管理者包揽"行政权+学术权"，学术权力与行政权力的边界不清晰。其次，高校内部管理重教学科研轻的现象普遍存在。近年来，各高校"双一流"建设发展竞争白热化，迫使高校更多地关注学科建设、科研项目、教学与人才培养，却忽视了高校的内部管理改进完善提升。再次，制度的刚性不强。高校的各种内部制度规范纷繁复杂，并且制度的持续性不长，制度的"废、改、立"过于频繁，导致制度的刚性和执行力不强。基础设施建设、大宗物资或设备采购、科研经费管理使用等这些重点领域，恰恰是近年来国家法规制度改革监管的重点，各项业务均有法可依。但这些领域腐败案件高发频发，说明对制度的规范与执行不够具体、流于空泛，形同"牛栏关猫"；有的"制度规定都有，执行子虚乌有"，制度变成了"稻草人"。

## (三)高校监督存在薄弱环节

首先，一把手的监督始终是难点或盲区。对校级领导班子成员特别是一把手缺乏有效的监督，存在"上级管不到，同级不好管，下级不敢管，群众管不了"的难题。其次，高校基层党组织履行监督责任不力。全面从严治党责任压力传导存在落差，以及上热下冷、层层递减的情况，全面从严治党最后一公里没有真正打通，基层院系党组织对一线教师的教育、管理和监督存在薄弱环节。再次，纪委"三转"后如何确保监督不缺位甚至进一步加强仍是亟待探索的问题。纪委"三转"后，各党群部门和业务部门的职能监督发挥作用不够，党内监督的合力尚未真正形成。

## (四)存在高校特殊论的错误思想

长期以来，不论是普通教师还是领导干部，不论是监督部门还是业务部门，均存在高校比社会上干净多了的认识。这就可能导致认识不到位、思想上松懈麻痹、管理监督宽松软。高校一些工作人员错误地认为其职业与公务员不同，也不是领导干部，不需要受那么多"条条框框"的约束，缺少纪律约束的习惯和自觉，法律意识、纪律观念比较淡薄，易受市场经济商品等价交换原则以及西方利己主义等各种因素的影响，浮躁浮夸、急功近利，片面追求经济利益，甚至出现以权谋私、以岗谋利、学术造假等现象。重业务轻学习教育的问题仍没有得到根本解决。由于各种主客观因素面向一线职工学习宣传教育仍远远不够，思想认识仍停留在十八大之前。从查处的案件来看，一部分教师眼里只有教学科研，却放松了纪律学习，对十八大以来党中央全面从严治党高压态势毫无政治觉悟，甚至有的双肩挑党员领导干部漠视中央八项规定精神，顶风违纪。

# 三、 高校违纪违法案件的治理对策

反腐败应该包括两层含义：反已经发生的腐败，反可能发生的腐败。高校要以践行监督执纪四种形态为重要抓手，深入推进主体责任的落实，提升党风廉政重点部门的监督实效，深化党风廉政教育，提升高校纪委敢于执纪、敢于担当的能力，加大案件查处和责任追究力度，从而达到减少腐败存量、遏制腐败增量的目的。

## （一）深入推进主体责任的落实，让主体责任在"最后一公里"落地生根

高校反腐倡廉建设必须牢牢抓住党委主体责任这个牛鼻子，纪委不能包打天下。普遍来看，一般校级层面非常重视主体责任的落实，但在院系层面还亟待加强。要进一步完善主体责任报告、书面述廉、履新廉政谈话、约谈等配套制度，层层传导压力，促进学校各级党组织及班子成员真正将党风廉政建设主体责任放在心上、抓在手上、落实到行动中，推动全面从严治党延伸到学校各基层党组织，努力打通全面从严治党的"最后一公里"。高校现阶段的一项重要任务是推动高校各级党委深

入贯彻落实监督执纪四种形态，尤其是第一种形态要求。高校各级党委应做到敢抓敢管、严抓严管，敢于动真碰硬，不怕得罪人；该当"黑脸包公"的时候就得当，不要怕红脸出汗，发现问题早提醒，及时"咬耳扯袖"，真正落实抓早抓小要求。

## （二）加大案件查处和责任追究力度，让纪律成为"带电的高压线"

根据已批露的违纪违法案件可以看出，学习宣传、提醒教育很重要，但没有案件查处和责任追究的效果好。对于发生违纪问题的单位和个人，该查处的就要查处，该问责的就要问责。高校纪委对学校发生的腐败问题应不护短，敢揭丑、敢亮剑，切实做到发现一起查处一起，以零容忍的态度惩治腐败；同时注重责任追究，区分个人责任与集体责任、直接责任与领导责任。要加大案件通报曝光力度，起到"查处一案、教育一片、警示一方"的效果。

## （三）提升党风廉政重点部门的监督实效，让权力在阳光下运行

对于科研经费、基建工程、招标采购、师德师风、意识形态等违纪违法案件高发易发领域，要认真进行研判，找出问题的症结所在，注重从体制机制、规范流程入手推动源头治理，扎紧制度笼子，建立起科学管用的廉政风险防控机制。阳光是最好的防腐剂。涉及人、财、物以及师生切身利益的重大事项要在阳光下运行，防止暗箱操作。比如中山大学自主开发的

"高校仪器设备网上竞价系统"是一次很好的实践。该网上竞价系统建立了各参与方相互制约的管理机制，借助计算机与现代网络技术，通过公开透明的网上竞价方式，将物资采购的全过程置于各相关主体的有效监督之下，实现了物资采购领域的"阳光、高效、节约"。目前全国约有 180 家高校、科研机构、高校附属医院等单位在使用此高校竞价网平台。

## （四）深化党风廉政教育，让廉洁文化扎根校园

所有的违纪违法无不是从思想的蜕变和意识的淡漠开始的。响鼓还需重锤敲，无事也要常唠叨，反腐倡廉宣传教育必须常抓不懈。在教育层面上，既要突出重点，又要全覆盖。廉政教育重点在党员领导干部，但对年轻干部、对业务教师、对医护人员的廉洁教育不能掉以轻心，要切实加强。在教育方式上，既需要突出经常性，又需要突出针对性。应因人施教，根据不同的教育对象，分类分层次开展教育，使廉政教育更符合客观实际，更具有针对性，不能"一刀切""一锅煮"。"一流的组织靠文化，二流的组织靠制度。"制度和文化是组织的二位一体，制度建设像"紧箍咒"，有时可能会让人感到不舒服，但文化却能"润物细无声"地深入人心。在某些情形下，制度解决不了的问题，文化可以解决。各个高校都有着自己独特的大学文化和精神，廉政文化建设要紧密结合高校校训中的精华和优良的历史文化传承，形成风清气正的校园廉政文化，让廉洁成为一种习惯。

## （五）加强纪检监察队伍自身建设，提升长于执纪、善于监督的能力水平

高校纪检监察干部要按照"忠诚、干净、担当"的要求，深入学习十九大对全面从严治党工作所提出的新任务、新要求，不断学习与监督、执纪、问责相关的专业知识与工作实务，进一步提高认识，强化责任意识，提升担当意识，提高业务水平，提升发现问题、解决问题的能力，对于高校违纪违规问题和不正之风敢于较真碰硬。要充分发挥高校纪委委员、二级纪委、二级党组织纪检委员等的作用，形成监督执纪合力。如建立学校纪委委员分工联系二级党组织工作机制，积极对学校基层院系党风廉政建设、反腐败工作的重点、难点及热点问题进行调查研究；加强对二级纪委的指导和监督，解决二级纪委不敢监督、不愿监督、不会监督的突出问题；明确纪检委员的工作职责，建立保障纪检委员履职尽责的工作机制和工作载体。

# "放管服"背景下
# 加强高校科研经费监管研究

华南理工大学纪委

张卫平　何华宇　余楚龙　张弘扬

　　"放管服"，即简政放权、放管结合、优化服务。其实质是政府自我革命，用政府减权限权和监管改革，换来市场活力和社会创造力释放。① 2016 年 7 月，中共中央办公厅、国务院办公厅联合下发了《关于进一步完善中央财政科研项目资金管理等政策的若干意见》（中办发〔2016〕50 号，下称《若干意见》），明确要求坚持"放管服"结合，改革和创新科研经费使用和管理方式，促进形成充满活力的科技管理和运行机制，进一步激发科技创新创造活力。

　　2018 年 7 月，国务院再次印发《关于优化科研管理提升科研绩效若干措施的通知》（国发〔2018〕25 号，下称《若干通

---

　　① 李克强."放管服"改革要相忍为国、让利于民［EB/OL］.［2016-05-12］. 新浪财经, http://finance.sina.com.cn/roll/2016-05-10/doc-ifxryahs0607748.shtml.

知》），推进科技领域"放管服"改革，建立完善以信任为前提的科研管理体制，按照能放尽放的要求赋予科研人员更大的人财物自主支配权，减轻科研人员负担，充分释放创新活力，调动科研人员积极性。高校如何改变"堵"的方式，开辟"疏"的渠道，将科研项目管理领域的简政放权、放管结合政策与加强事中事后监管相结合，实现科研经费的有效监管和治理，营造廉洁高效的科研环境，做到放而不乱，管而不死，也随之成为一个重要的议题。

# 一、 高校落实科研经费管理"放管服"的现状

在深化"放管服"改革的新常态下，高校相继出台了一系列政策文件，对科研经费的使用进行"松绑"，并较好地促进了科研人员的积极性和创新动力。经对复旦大学、武汉大学、中山大学、华南理工大学、南开大学、厦门大学、暨南大学、华南农业大学、广州大学 9 所高校落实"放管服"制度建设进行调研，笔者团队发现高校落实"放管服"政策情况存在下列特点：

## （一）简化预算编制科目，允许预算合理调剂

《若干意见》为了激发科研人员创新创造活动，提出了简化预算编制科目，并下放直接费用中五类预算调剂权限。在调研 9 所高校积极落实《若干意见》后，发现各校采取了措施精简预算编制，为科研人员创造了宽松的环境，具体表现在以下三个方面：

一是落实《若干意见》的要求，及时修改学校的科研经费管

理制度，简化预算编制科目，将直接费用中会议费、差旅费、国际合作与交流费科目合并，不再要求提供预算测算依据等。

二是对学校范围内的预算调整权限，设置了相对严格的审批程序。如有的学校由科技管理部门备案，有的学校由科技管理部门审批，有的学校由科技管理部门和财务管理部门双审批，有的学校需要先行开展专家论证，有的学校还需要报分管副校长审批。

三是学校科研管理制度的修订速度滞后于国家放权的速度。《若干意见》下发后，国家很快出台了《关于优化科研管理提升科研绩效若干措施的通知》《关于国家自然科学资助项目资金管理的补充通知》，将直接费用中除设备费以外的其他科目预算调整权全部下放给项目单位等，调研的9所高校的相关管理制度尚未进行及时修订，落实政策的速度偏慢。

经对部分科研人员访谈，他们反映学校对科研经费的管控仍然严格，经费预算只能根据现有的预算科目被动"制造"预算，经费的支出仍然受到相关标准的严格限制(见表1)。

表1        9所高校科研项目预算调剂审批程序比较

| 学校名称 | 预算调剂程序 |
| --- | --- |
| 复旦大学<br>(参见复旦大学的校通字〔2017〕3号文) | 文科类科研项目由负责人提出申请，经所在单位审核，在文科科研处办理调整审批和备案后，交由财务处进行调整 |
| | 理工医科类科研项目负责人提出申请，经院系审核(横向科研项目需要项目主管部门和经费提供方书面同意)，在科研管理部门办理调整审批和备案后，交由财务处进行调整 |

| 学校名称 | 预算调剂程序 |
|---|---|
| 武汉大学<br>(参见武汉大学的武<br>大财字〔2016〕85号<br>文) | 学校有权审批的预算调整事项，项目负责人填写《武汉大学科研经费预算调整申请表》，所在单位科研负责人审核签字后报送学校科研管理部门审批，学校科研管理部门审批后交学校财务部备案 |
| 中山大学<br>(参见中山大学的中<br>大科研〔2017〕4号、<br>8号文) | 预算调整由项目负责人提出申请，单个科目预算调整不超过10%或者5万元的由学院审批，超过10%或者5万元的经学院审核后报科研管理部门、财务部门审批<br><br>理工医科课题调整超过50万元、人文社科课题调整超过20万元的，须由专家论证后报科研管理部门、财务部门审批，再报分管科研的副校长审批 |
| 华南理工大学<br>(参见华南理工大学<br>的华南工科〔2017〕<br>23号文) | 预算调整由项目负责人提出申请，经学院/国家级科研机构审核、科研经费管理办公室审批后执行，重大预算调整报分管校领导批准 |
| 南开大学<br>(参见南开大学的南<br>发字〔2016〕103号<br>文) | 纵向项目经费预算调整须由项目负责人提出调剂方案，经二级单位审核，科研管理部门、财务处批准或按程序报项目主管部门批准后方可进行调剂使用 |
| 厦门大学<br>(参见厦门大学的厦<br>大财〔2016〕69号<br>文) | 纵向课题预算总额不变，课题直接费用中材料费等支出预算如需调剂，课题负责人根据实施过程中科研活动的实际需要提出申请，报学校审批，报项目(课题)牵头单位备案<br><br>纵向课题预算总额不变，设备费、差旅/会议/国际合作交流费、劳务费、专家咨询费的预算因特殊情况确需调增，逐级提出申请，报项目主管单位批准 |

| 学校名称 | 预算调剂程序 |
|---|---|
| 暨南大学<br>(参见暨南大学的暨科〔2016〕34 号文等) | 纵向科研项目应严格按照批复的预算执行，不得随意调整，确有必要调整直接费用预算的，应符合中央和地方规定的预算调整范围，由项目负责人提出申请，报学校科研管理部门审批 |
| 华南农业大学<br>(参见华南农业大学的华南农办〔2017〕23 号、151 号文) | 预算调整由项目负责人提出申请，报科学技术处、财务处共同审批 |
| 广州大学<br>(参见广州大学的广大〔2017〕154 号、155 号文) | 预算调整由项目负责人提出申请，报学校科研管理部门审批 |

## (二)提高间接费用比例，强化间接经费的绩效激励

《若干意见》规定间接费用可以提高到不超过直接费用扣除设备购置费的一定比例：500 万元以下部分为 20%，超过 500 万元至 1000 万元部分为 15%，超过 1000 万元部分为 13%。同时，加大对科研人员的激励力度，取消绩效支出原 5% 比例限制，项目承担单位在间接费用核定金额内可以统筹安排。9 所高校积极落实《若干意见》，允许项目团队在间接经费中支出绩效，发挥间接经费的激励作用；但是在统筹比例以及绩效审批

上不尽相同，体现在如下两个方面：

一是有的学校从间接经费中提取少量公共成本补偿后，全部留给项目团队自主统筹使用，相对比较宽松。如华南理工大学仅对自然科学类项目的间接费用提取 5.5%作为单位间接费，其他全部留给项目团队。

二是有的学校从间接经费中提取一定比例用于学校统筹使用，对项目团队提取的绩效也有一定限制。在调研的 9 所学校中，多数学校提取间接费用约 30%用于学校统筹；有的学校规定项目团队从间接经费中发放绩效，需经过考核、审批等环节，并且发给团队成员的绩效还有一定比例限制或者总额限额。

在访谈中，部分科研人员认为，科研人员承担项目过程中，付出了大量的脑力劳动，获得合理的收入回报是合适的，不宜过分限制。同时，也希望简化取得合理收入回报的各项手续（见表 2）。

表 2　　　　　9 所高校间接费用统筹使用管理制度比较

| 学校名称 | 统筹使用规定 |
| --- | --- |
| 复旦大学<br>（参见复旦大学的校通字〔2017〕3 号文） | 理工医药类，间接经费预算未明确绩效支出的项目，学校统筹间接费用的 20%，院系统筹间接费用的 20%，剩余部分为绩效支出 |
| | 理工医药类，间接经费预算明确绩效支出的项目，按规定提取的间接经费扣除绩效支出部分，学校统筹 50%，院系统筹 50% |

| 学校名称 | 统筹使用规定 |
|---|---|
| 武汉大学<br>(参见武汉大学的武大财字〔2016〕88号文) | 间接费用单独拨款的科研项目,自然科学类项目学校管理费、单位管理费、项目组间接费用的分配比例分别占间接费用总额的15%、25%、60%,人文社科类项目占总额的10%、15%、75% |
| | 间接费用与直接费用合并拨款的科研项目,学校按到账金额的2%(人文社科类按1%)计提管理费,单位按到账经额的5%计提管理费 |
| | 绩效发放实行总额控制原则,每人每年发放绩效总额不超过50万元,或者不超过其个人工资、岗位津贴和岗位绩效的总和 |
| 中山大学<br>(参见中山大学的中大科研〔2017〕4号、8号文) | 人文社科纵向项目学校统筹部分占资助项目间接费用总额的5%,二级单位统筹部分占资助项目间接费用总额的95%,院系提取的管理费比例不得超过间接费用总额的5% |
| | 二级单位根据项目进展检查情况审批绩效发放,项目中期检查前绩效支出不能超过总额的50%,项目结题前绩效支出不能超过总额的80% |
| | 绩效支出由项目负责人提出申请,二级单位考核、审批、公示,财务管理部门按规定业务流程办理发放 |

| 学校名称 | 统筹使用规定 |
|---|---|
| 华南理工大学<br>(参见华南理工大学的华南工科〔2017〕23号文) | 自然科学类项目学校和学院按间接费的 5.5%提取单位间接费,哲学社会科学类项目学校和学院按间接费的 3%提取单位间接费 |
| | 间接费扣除单位间接费后的部分为课题组间接费,由课题组支配,课题绩效考核实行课题负责人负责制,绩效支出不设比例限制 |
| 南开大学<br>(参见南开大学的南发字〔2016〕103号文) | 纵向课题间接费用学校和课题组分配比例为 500 万元及以下部分学校提取 10%,超过 500 万元到 1000 万元部分学校提取 5%,超过 1000 万元部分学校提取 3%,剩下由课题组统筹使用 |
| 厦门大学 | 纵向项目间接经费足额预算的项目,在经费入账时按到账金额和批复的预算比例计提,学校与学院(研究院)/项目组按 3∶7 分配 |
| | 纵向项目绩效支出比例一般不超过项目直接费扣除设备购置费的 5%。绩效支出由项目负责人提出申请,项目组内公示,学院(研究院)在科研工作绩效考核的基础上予以审批并公开,交学校科研管理部门备案 |
| 暨南大学<br>(参见暨南大学的暨科〔2016〕34号文等) | 科技项目间接经费用按比例划分为学校 20%、学院 5%、课题组 75%;社科项目间接费用按比例划分为学校 8%、学院 2%、课题组 90% |
| | 直接费用中的劳务费、人员费和间接费用中的绩效支出构成人力资源成本费。人力资源成本费列支比例最高不超过该项目经费的 40%;基础研究、社会科学研究项目、软科学研究项目和软件开发类项目人力资源成本费最高不超过该项目经费的 60% |

| 学校名称 | 统筹使用规定 |
|---|---|
| 华南农业大学<br>(参见华南农业大学<br>的华南农办〔2017〕<br>23号、151号文) | 学校按项目到校总资金的5%提取管理费,并提取35%用于学校统筹使用经费 |
| | 课题组可以支配使用间接费用的60%,项目负责人制定绩效考核方案和绩效费发放方案 |
| 广州大学<br>(参见广州大学的广<br>大〔2017〕154号、<br>155号文) | 社科项目学校提取8%的间接费用,学院提取2%的间接费用,课题组可以支配间接费用的90% |
| | 科技项目学校提取20%的间接费用,学院提取5%的间接费用,课题组可以支配间接费用的75% |
| | 科研项目绩效考核实行项目负责人负责制 |

## (三)改革劳务费支出科目,尊重非编科研人员劳动报酬权

对于纵向项目,9所高校能够落实《若干意见》关于劳务费的规定,允许参与项目的研究生、博士后、访问学者以及项目聘用的研究生、科研辅助人员等开支劳务费,且明确了劳务费支出由限定比例转变为不设比例限制。同时,能够充分考虑教学科研工作的实际情况,自主制定差旅费、会议费标准,简化审批手续。

9所高校均能积极落实科研助理制度,如华南理工大学规

定二级单位可以统一聘用科研财务助理，费用（包括聘用人员的社会保险补助等）可以在单位科研管理费或单位结算业务费中列支；项目团队可以按需要设置科研财务助理岗位，也可共同聘用科研财务助理，所需费用可通过项目或课题专项经费中的劳务费安排解决。

调研还发现，有的高校在落实科研财务助理制度方面仍然存在薄弱环节。如学校尚未建立聘用科研财务助理制度的指导性文件；有的科研项目负责人难以聘用合格、专业的财务助理；有的科研项目负责人聘用的财务助理缺乏操作学校财务报销系统的权限；有的科研项目负责人提出的给予财务助理培训的需求未能得到较好解决，导致科研人员一定程度上仍然为财务报销困扰。

## （四）自主管理横向经费，允许提取合理的人员费

对于以市场委托方式取得的横向经费，9 所高校均制定了横向项目经费管理办法，对横向经费实行自主规范管理。横向项目经费必须进学校财务账户，统一管理、统一核算；项目经费由学校按照委托方要求或者合同约定管理使用，没有约定的按照学校的横向经费管理办法使用。

对于横向经费的管理，总体比较宽松，但是 9 所高校对项目组成员提取劳务费比例存在较大差异，如表 3 所示。有的高校如华南理工大学、暨南大学、广州大学允许项目组成员提取 70%~80% 的劳务（人员）费，有的高校如中山大学、华南农业大学只允许项目组成员提取 30% 的劳务（人员）费。

表3　　　　　　　　9 所高校横向科研经费管理特点比较

| 学校名称 | 管理特色 |
|---|---|
| 武汉大学<br>(参见武汉大学的武大财字〔2016〕32 号文) | 学校管理费计提比例为自然科学 3%、人文社会科学 2%，项目承担单位管理费及资源使用费计提比例为 8%。计提基数为项目到账经费扣除合同约定的外协合作费和代购设备费用后的余额 |
| | 横向经费中的人员费用比例，若合同或预算中没有限定，不超过管理费计提基数的 50%；软件开发类、规划设计类、咨询服务类、考古类等不超过管理费计提基数的 70% |
| 复旦大学<br>(参见复旦大学的校通字〔2017〕3 号文) | 理工医药类，学校统筹合同金额扣除外拨部分后的 10%，院系统筹合同金额扣除外拨部分后的 5% |
| | 绩效支出部分，合同无约定，按合同金额扣除外拨部分后 20%执行 |
| 中山大学<br>(参见中山大学的中大科研〔2017〕4 号、8 号文) | 行政事业委托项目学校管理费提取比例为 8%，企业委托项目学校管理费提取比例为 10%，院系管理费提取比例不超过 3% |
| | 行政事业委托项目绩效支出不超过合同金额的 20%；企业委托项目绩效支出比例不超过合同金额的 30% |
| 华南理工大学<br>(参见华南理工大学的华南工科〔2017〕23 号文) | 技术开发、技术转让及技术服务合同实到经费在 300 万及以下的部分按 5%提取管理费；300 万(以上)～500 万的部分按照 4%提取管理费；500 万(以上)～1000 万的部分按照 2%的比例提取管理费；超过 1000 万的部分按照 1%的比例提取管理费；哲学社会科学类横向项目按实到经费的 4%提取管理费 |
| | 横向项目经费到校后，可向参与项目研发的成员及临时聘用人支付劳务(人员)费，比例最高不超过实到经费的 70%；技术咨询、软件开发与设计类等项目可以放宽到 80% |

| 学校名称 | 管理特色 |
|---|---|
| 厦门大学<br>(参见厦门大学的厦大财 2016〕71 号文) | 横向项目可以向参与项目研究的在校研究生、博士后、访问学者支付劳务费，还可以向项目聘用的研究人员、科研辅助人员等相关人员支付劳务费和社会保险补助费用等 |
| | 在保证横向科技项目研究任务按计划完成的前提下，可以向相关人员发放绩效，合同无约定的，绩效原则上按到款经费管理费计提基数的 30%核定 |
| 南开大学<br>(参见南开大学的南发字〔2016〕104 号文) | 项目委托方对人员预算没有明确规定的，课题组可提取原则上不超过到账经费总额的 60% |
| | 学校的管理费按到账经费总额的 5%计提 |
| 暨南大学<br>(参见暨南大学的暨科〔2016〕34 号文等) | 基础研究、社会科学研究项目、软科学研究项目和软件开发类项目人力资源费用列支比例不得超过项目经费总额的 80% |
| 华南农业大学<br>(参见华南农业大学的华南农办〔2017〕23 号、151 号文) | 学校提取项目经费总额的 5%作为科研管理费，所在单位提取项目经费总额的 1%作为科研管理费 |
| | 项目组可提取不超过项目经费总额的 30%作为绩效奖励 |
| 广州大学<br>(参见广州大学的广大〔2017〕154 号、155 号文) | 学校提取管理费 8%，项目负责人所在单位提取单位发展基金 2% |
| | 横向科研项目人力资源费用的列支比例不超过项目到账经费总额的 70%，基础研究、社会科学研究项目、软科学研究项目和软件开发类项目列支比例不超过 80% |

总的来说，在"放管服"的背景下，9 所高校作为全国高校的一个缩影，陆续制定或修订科研项目资金管理办法，为科研

工作松绑，进一步推进简政放权、放管结合、优化服务，推动形成了宽松的科技管理和运行机制，提升了科技人员的积极性。

同时，9 所高校在落实"放管服"政策方面，仍然存在落实"放管服"政策，修订完善制度滞后；预算调整审批、科研绩效考核审定较为严格；对科研人员信任不够、放权不够，在一定程度上存在"重物轻人"的现象。

## 二、 高校科研经费使用存在的 主要问题及原因分析

在"放管服"背景下，高校在科研经费管理上逐步解决"过细过死""重物轻人"等问题，为科研活动提供更加宽松的环境。但需要引起重视的是，违法违规使用科研经费的现象依然存在，科研经费花不出去，突击花、胡乱花的现象仍然存在；有的科研经费仍然存在找发票报销、"蚂蚁搬家"式套现；以弄虚作假等形式骗取科技计划(专项、基金等)项目、科研经费等行为仍然未得到有效遏制。从中央巡视组 2017 年对 29 所中管高校巡视反馈情况来看，科研经费领域存在廉洁风险是共性问题。2018 年 5 月，中共中央办公厅和国务院办公厅印发《关于进一步加强科研诚信建设的若干意见》，指出高校的科研诚信建设整体上仍存在短板和薄弱环节，违背科研诚信要求的行为时有发生。① 从巡视反馈情

---

① 中共中央办公厅，国务院办公厅.《关于进一步加强科研诚信建设的若干意见》[EB/OL]. [2018-06-02]. http：www. gov. cn/zhengce/ 2018-05/30content_ 5294886. htm.

况以及国内高校发生的案例看，高校科研经费领域主要存在以下五种弄虚作假行为：

（1）通过采购设备材料套取科研经费，在购买设备过程中虚高价格吃回扣，或用在购买不合规格的物资上，并从中谋取利益，套取科研经费。

（2）通过虚假交易，如提供虚构、伪造的交易凭证，购买与科研项目无关的设备、材料，或是在购买设备、材料时未履行相关的采购程序及管理手续。

（3）通过虚报冒领或者违规发放"三助"津贴、劳务费和专家咨询费等，包括用虚假的发票入账，套取资金等方式用于职工福利、弥补支出，套取科研经费。

（4）通过违规将科研经费转入有关联关系的单位或个人，如将经费付给协作单位来逃避本单位的监督，或用虚假合同将经费拨付关系单位，从而利用关系单位账户将款项转至自己或家人的卡中，套取科研经费。

（5）预算调整不规范，随意调账、变动支出，随意修改记账凭证，在审计前集中大额调整账务，调整账务依据不充分、理由不科学，采取以表代账应付财务审计和检查等。

经对部分教师进行访谈，出现以上弄虚作假行为的原因可分为以下五个方面：

（1）管理理念落后，治理理念尚在培育。科研经费（纵向）来源于公共财政拨款，具有财政属性，必须规范使用。同时，科研活动也应当允许科研人员在遵循科研规律的前提下自由使用科研经费。"放管服"政策目的是要实现对科研经费从管制理念转向治理理念转变，达成科研经费规范使用与科研人员自由开展科研活动之间的平衡，从而实现促进科技创新与人文社会科学的繁荣。从调研的情况看，当下的改革政策与举措尚不足以消除科研经费管理体制中的种种弊端，科研管控仍然存在困难，科研经费治理理念还在逐步培育之中。

（2）重物轻人，注重行政干预。重视对科研经费的监管，忽略了科研人员在科研活动中的创造性和贡献。科研经费管理制度设计不合理、修订不及时，加上程序性的规定繁琐复杂，例如僵化的科研经费年度报销制度、科研经费报销票据要求浪费了科研人员的大量精力；虽可以抑制不合理使用经费行为，但也有可能对正常的科研活动产生不当干预，尤其是一些深入基层或者较为特殊的研究由于难以取得"合法"票据而无法报销，严重挫伤了科研人员的积极性。

（3）责任划分不明，信息不对称性。对项目执行过程不重视，没有明确项目经费所在学院或单位的监管责任，对经费使用方式的监督审查力度薄弱、财务部门对报账项目核实的机制不完善，报销机制松散，使得经费审批手续有空子可钻。纪检监察、财务、审计、科研管理等单位基本是分工负责，未形成横向协同监管机制，未实现信息的有效共享，导致"信息孤岛"，从而导致科研经费的管理不能落实到位。此外，科研工作与经费使用过程存在信息不对称性，监管部门无法直接观测到科研人员的科研活动以及由此产生经费的具体使用情况，无法判断科研经费的使用是否合理。①

---

① 万丽华．高校科研经费腐败风险的防范及其内在逻辑[J]．教育评论，2015(1)：7-10.

（4）思想认识有偏差，专业知识不够。原来的科研经费预算编制过于精细化，部分科研人员对科研经费预算环节的不重视以及科研经费预算专业知识的缺失，导致科研经费预算编制不合理，造成实际执行与预算严重脱节，对科研活动的开展难以发挥激励和保障作用。[①] 还有部分科研人员，尤其是项目负责人自身规矩意识和廉洁意识不强，未能自觉学习科研经费管理的相关规章制度，仍然存在"科研经费是我的，想怎么花就怎么花"的思想，没有按照规定对科研经费进行单独核算，没有履行审批手续违规转拨经费，随意超预算、超标准、超范围支出经费，导致科研经费支配不当。

（5）缺乏监督合力，精准监督乏力。学校、学院、科研项目负责人三级管理体制在实际运行中往往存在如下情形：学院层面监管不到位，学校对学院落实监管责任缺乏政策支持和奖惩机制，学院对科研经费的使用监管动力不足；项目负责人监管意识不强，存在内部监管碎片化、外部监管作用受限，对科研经费的使用全过程缺乏综合管理和监督，没有形成合力。此外，高校内设的审计部门对高校科研经费监管的认识存在偏差，受"家丑不可外扬"和人情关系等诸多因素的影响，往往只重视科研项目结题阶段的结果审计，轻视过程审计监督，内部审计流于形式的现象较为普遍；加之审计人员对科研项目专业性知识的缺失，对涉

---

① 李祥，熊枫. 论高校科研经费法律治理及其限度[J]. 学术界，2016(11)：114-122.

及的材料费支出等，也难以做出适宜和准确的审计。①

# 三、"放管服"背景下加强高校科研经费监管的思考

《中华人民共和国国民经济和社会发展第十三个五年规划纲要》提出，要"尊重科学研究规律……改革科研经费管理制度"。加强科研经费监管的目的应当是服务和推动科技创新，达至科研经费规范使用和科研人员自由开展科研活动的动态平衡，不能以单纯的经费有效控制为目的而牺牲科研人员的积极性和创新动力。高校科研经费的监管工作涉及部门广，牵涉利益相关者多，需要政府、高校及其他部门相互支持、相互协同，构建多主体、多渠道参与的多元共治模式，才能有效激发科技创新创造活力。

## （一）以信任赋能为前提，构建科研经费监管新秩序

"天下之治，莫过于信。"对科研经费的各项监管工作，最重要的目的是为了激发科研人员的活力，为科研人员做出优秀的研究成果提供保障。科研人员是科研活动的主体，对科研经费的监管制度必须围绕科研人员展开，重物更重人。科研经费监管应当以信任为前提，进而构建相应的管理制度和措施，简化繁琐的程序，减少审批环节，真正为科研人员服务。

---

① 邹家骊. 高校科研经费内部审计中存在的问题及对策[J]. 财政监督，2012(14)：63-64.

作为科研行政管理部门，要进一步转化政府职能，管好底线与秩序，优化科研项目和经费管理。落实"简化科研项目申报和过程管理""合并财务验收和技术验收""材料一次报送""赋予科研人员更大技术路线决策权""赋予科研单位科研项目经费管理使用自主权"等要求，对项目承担单位加强事前申报指导，及时公布申报指南，精简申报要求、减少申报材料，避免重复操作；建立和完善预算申报模板，推进科技项目经费数据的可统计、可分析；优化项目活动监管，制订统一的年度监督检查计划，减少科研项目实施周期内的各类评估、检查、抽查次数，实行监督检查结果信息共享和互认；加强事后评估和结果运用，对绩效评价优秀的在后续项目支持、表彰奖励等工作中给予倾斜，尊重智力劳动的有偿性，完善科研人员的劳动报酬体系，加大对承担国家关键领域核心技术攻关任务科研人员的薪酬激励，支持科研人员到企业兼职开展研发和成果转化，切实提升科研人员的获得感和成就感。

作为项目承担单位和履行项目管理职责的高校，要充分运用好经费管理使用自主权，建立严格与灵活相结合的预算执行制度，进一步打破束缚科研人员手脚的"陈规陋习"，把科研人员从报表、报销、应对检查等具体事务中解脱出来，提高科研人员使用科研经费的灵活度和支配力。一要简化科研项目管理，进一步精简合并直接费用科目，简化预算编制要求，精简说明和报表；二要简化预算调剂的审批制度，按照能放尽放的要求，减少审批程序，及时为科研人员办理调剂手续；三要赋予项目负责人对项目组成员绩效考核的权限，推行备案管理，发挥间接经费的激励效果；四要简化科研仪器设备采购流程，对科研急需的设备和耗材，采用特事特办、随到随办的采购机制，缩短采购周期，以增强采购的灵活性和便利性。

## （二）以信息化管理为手段，实行科研全流程的管理

随着信息科学和计算科学的发展，当前已经处于"得数据者得天下"的时代。高校应充分利用"制度+科技"手段，运行现代信息技术，全流程规范科研经费的预算编制、项目执行、成果验收和结余结算等各个阶段，以数据驱动科研经费监督，发挥信息公开的"鱼缸效应"①，尽可能地抑制科研过程中的腐败行为。

高校可以借鉴"国家科技管理信息系统"的建设理念，探索建设科研经费廉政风险信息化综合防控平台，完善高校科技管理系统，对科技项目的申报、立项、合同、预算安排、监督检查、结题验收、经费使用等全过程进行信息管理，加强科研管理系统和财务管理系统信息共享，以实现资金支付、经费使用、预算执行、费用公示等全过程管理。科研管理系统应当具有数据录入、项目查询、经费查询、预算执行查询等功能，对科研、财务、审计、监察、科研人员等不同对象赋予不同权限，让监管部门、监督部门通过系统可以监督科研活动的全过程，为监督插上科技的翅膀。

科研信息管理系统还应当具有预警功能，能够对科研人员

---

① 鱼缸效应：鱼缸里的鱼的生活是透明的，可以从各个角度一目了然地观察它们的具体活动。鱼缸效应运用到管理中，就是要求增加工作的透明度，让工作置于监督之中，从而有效防止权力滥用和不正之风。

的报销情况进行大数据分析，能够自动识别一定时间内科研人员发放的劳务费显著高其他人员的平均数、一定时间内报销的材料费显著偏高、单边报销金额显著异常等情形，能将异常信息及时提供给科研人员、监管部门和监督部门，前置"监督哨"，搭建"防火墙"，发挥"互联网+"监督和预警功能。

## （三）以科研绩效为核心，加强科研结果的评价

科研活动具有相当高的创新性和探索性，不可避免地承担一定的研究风险，这些都难以真正预见最终成果，但现有的科技评价还是围绕着论文在评价。① 现有的科技评价体系不仅造成评价重形式、重数量、轻本质，而且会诱发科研不诚信、学术不端、弄虚作假等现象，使得科研经费监管工作被动地服务于科技评价体系。科研奖励是对科研人员劳动付出及其所获得科研成果的尊重，所以应当建立更加科学的科研经费激励规则，建立以科研绩效为核心的科研成果管理和评价体系，实现科研监管推动科技创新的目标。从高校的角度来看，一要加强各类科技领域人才计划的管理，突出人才培养和使用导向，逐步取消入选人才计划、薪酬待遇和职称评定等直接挂钩的做法，对人才的激励与其科研绩效挂钩。二要优化科研人员的职称评审的条件和制度，将科研成果的创新质量和贡献作为职称评审的重要依据，避免片面追求论文和影响因子的倾向，杜绝职称评审中"论文"简单量化的做法，提升科研成果的科学价值、技术价值、经济价值、

---

① 优化科研管理提升科研绩效：难点在哪？［EB/OL］.［2018-08-16］. 科学网, http://news. sciencenet. cn/htmlnews/2018/8/416637. shtm.

社会价值、文化价值等着职称评审指标体系中的比例。三要对基础研究与应用研究的人员进行分类管理和考核。按照"重结果、重绩效"的原则，对一些开展基础性研究耗时比较长，短期内不容易出成果的科研人员，适当提高经费补助标准，在考核制度上适当倾斜，保障合理的薪酬待遇，允许"十年磨一剑"，使基础研究人员长期稳定地从事科学研究。

完善科研结果的绩效评价管理和审计制度，应从如下方面开展：一是开展基于科研绩效、诚信和能力的科研管理改革，扩大科研经费使用的自主权，对基础和应用基础、技术创新和产品开发项目实行分类评价，以科研任务书为依据，推行综合绩效评价，确保项目管理向重实效、重结果转变。二是开展以绩效为基础的项目审计。项目验收时实行综合性的绩效评价验收，并按照一定比例进行绩效审计。通过绩效审计，对科研经费收支活动的经济性、效率性和效果性进行评价。从经济性的角度审计科研活动的节约程度，防范利用小科研项目套大科研项目、虚假立项、重复立项等问题；从效率性的角度审计科研活动与其消耗资源的关系，评价科研项目经费支出与绩效目标是否匹配等；从效果性的角度审计预期结果和实际结果之间的关系，评价科研活动实现既定科研目标的程度。通过绩效审计，调整和优化科研管理行为。

## (四) 以日常教育为基础，加强科研诚信教育

英国知名理论学家和科学技术学家齐曼指出，科学家和其他人没有本质上的区别，他们在特定的环境下也会从事欺

诈行为。① 科研人员的廉洁意识不强也可能造成经费的违规使用，因此科研管理部门、项目承担单位要通过宣传、教育、培训，引导和提高科研人员的科研诚信意识和遵守科研规范的自觉性。

科技管理部门要承担起预防科研不诚信行为推动者的重任，对科研诚信教育的目标、内容、范围、形式等作出相应的规定，推出一系列关于诚信科研的示范课程或课程框架设计；与财务部门合作构建协同机制，开展预算知识普及教育，以提高科研人员的预算意识和编制预算的科学性，降低因为预算失误导致科研经费使用风险。同时，将良好科研诚信教育与科研经费的获取和资助相结合，提高项目承担单位开展诚信教育的积极性。高校等项目承担单位要自觉地将科研诚信工作纳入日常管理，在入学入职、职称晋升、参与科技计划项目等重要节点对科研人员开展科研诚信教育，对在科研诚信方面存在倾向性、苗头性问题的人员及时开展科研诚信诫勉谈话。高校等科研单位还应在研究生中开展道德、诚信教育，如开设包括学术不端、著作权、论文写作规范等内容的诚信教育课程，以提高未来研究人员的科研诚信。

## （五）以防范弄虚作假为重点，贯彻宽严相济政策

2016 年 5 月，习近平总书记在"科技三会"的讲话中指出，"要着力改革和创新科研经费使用和管理方式，让经费为人的

---

① 张依群. 新形势下高校科研经费监管探究[J]. 教育财会研究，2016(10)：55-60.

创造性活动服务，而不能让人的创造性活动为经费服务"①。最高人民检察院 2016 年发布《关于充分发挥检察职能依法保障和促进科技创新的意见》，也明确提出"没有徇私舞弊、中饱私囊，或者没有造成严重后果的，不作为犯罪处理。在科研项目实施中突破现有制度，但有利于实现创新预期成果的，应当予以宽容"。科研人员履行勤勉尽责义务但因技术路线选择失误导致难以完成预定目标的，对其可予以免责，以体现对科研人员的信任，对科学规律的尊重。

　　提高违规使用科研经费的高风险性，以零容忍的态度打击学术不端行为、科研经费弄虚作假行为，对促进形成良好的科研环境，具有重要的保障作用。对于科研活动中的欺诈剽窃等行为，科研经费使用过程中的弄虚作假行为，一般属于明知故犯的故意违规行为，必须严厉打击。一要建立以学术机构、科研管理机构、监察机构联合的跨部门调查机制，对科研诚信重大案件进行联合调查，保持对严重违背科研诚信要求行为严厉打击的高压态势。二要落实终身追究制，对严重违背科研诚信要求的责任者，实行"一票否决"，以体现严厉打击科研不端行为的高压态势。三要建立经费使用的"承诺制度""信用机制"，加大科研财务信息内部公开、披露制度，使经费管理做到公开、透明、可监管。四要建立科研诚信综合体系，推进科研诚信信息系统建设，记录科研人员、科研机构的科研诚信状况，推动科研诚信信息系统与国家和地方的信用信息系统互联互通，让失信者在全社会寸步难行。

---

① 习近平谈治国理政(第二卷)[M]. 北京：人民出版社，2017：274.